Tatjana Davidoff

Klavier Assoziationen

11 romantisch-emotionale Balladen und gefühlvoll-moderne Kompositionen für Klavier

artist ahead

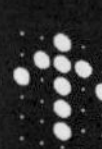

2. Auflage 2018

ISBN 978 3 86642 093 9

Umschlagentwurf: Ron Marsman
Notensatz: Tatjana Davidoff, Hans-Jörg Fischer
Layout: Regina Fischer-Kleist
Coverfoto: Markus Tiemann - www.martiem.de
Audio-Mastering: Studio 03, Fabian König

Hergestellt in der EU

artist ahead GmbH · Wiesenstraße 2-6 · 69190 Walldorf · Germany
info@artist-ahead.de · www.artist-ahead.de

Inhaltsverzeichnis

Download der Hörbeispiele

Rufen sie die Seite **www.artist-ahead-download.de** in ihrem Browser auf.
Klicken sie auf den entsprechenden Downloadbutton „**Klavier Assoziationen**" und geben sie dort die folgenden Zugangsdaten ein. **Benutzer:** **Assoziation**
Passwort: **emotional**
Hier haben sie jetzt verschiedene Optionen sich die Hörbeispiele herunterzuladen, zu speichern oder auf CD zu brennen.

Audio-CD mit Hörbeispielen

Die **Audio-CD** mit allen Titeln zu diesem Buch gibt es ausschließlich und nur in unserem Onlineshop auf

www.artist-ahead.de

Vorwort

Freue dich darauf, deine Leidenschaft am Klavier & E-Piano auszudrücken. Klavier-Assoziationen ist ein Notenbuch mit 11 vielfältigen und spannenden Kompositionen. Der Musikstil vereint viele verschiedene Elemente aus Pop, Rock, Jazz, aber auch Klassik miteinander.
Der optionale Download ist die perfekte Unterstützung, um den Ausdruck und die richtige Artikulation nachvollziehen zu können oder dient auch wunderbar als Hintergrundmusik zu einem entsprechenden Anlass.
Die Stücke sind zärtlich anrührend und sehnsuchtsvoll, aber auch herausfordernd und frisch. Beim Zuhören schwankt man zwischen dem verträumten Genießen der Musik und dem sanften Impuls, die Stücke selbst zu erlernen und spielen zu wollen.

Ich wünsche viel Freude am Üben und Spielen

Deine Tatjana Davidoff

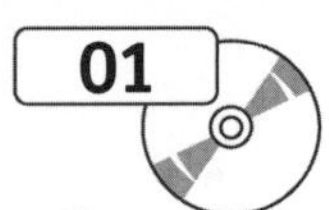

Beginning of Life

Tatjana Davidoff

Allegro (♩ = ca.180)

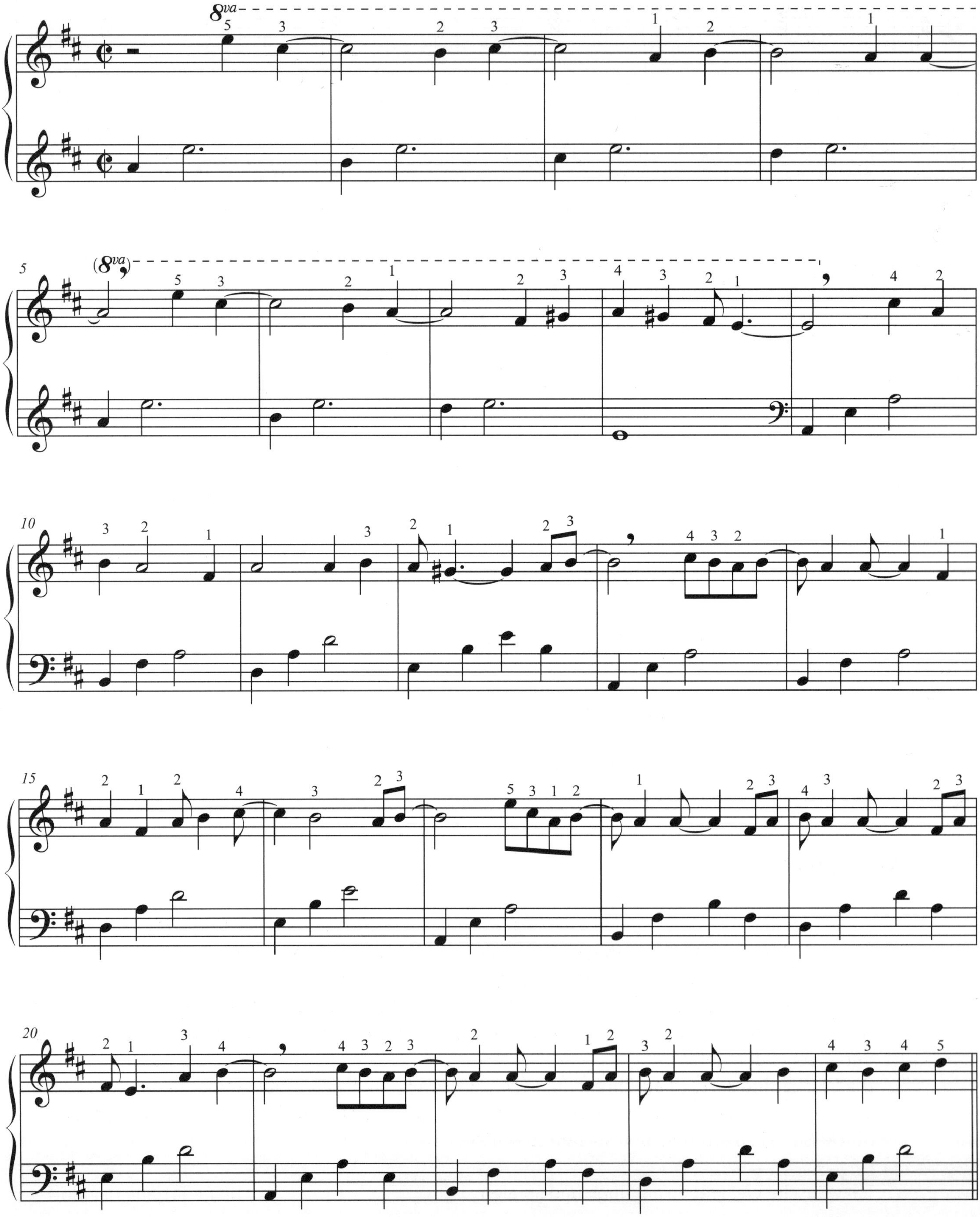

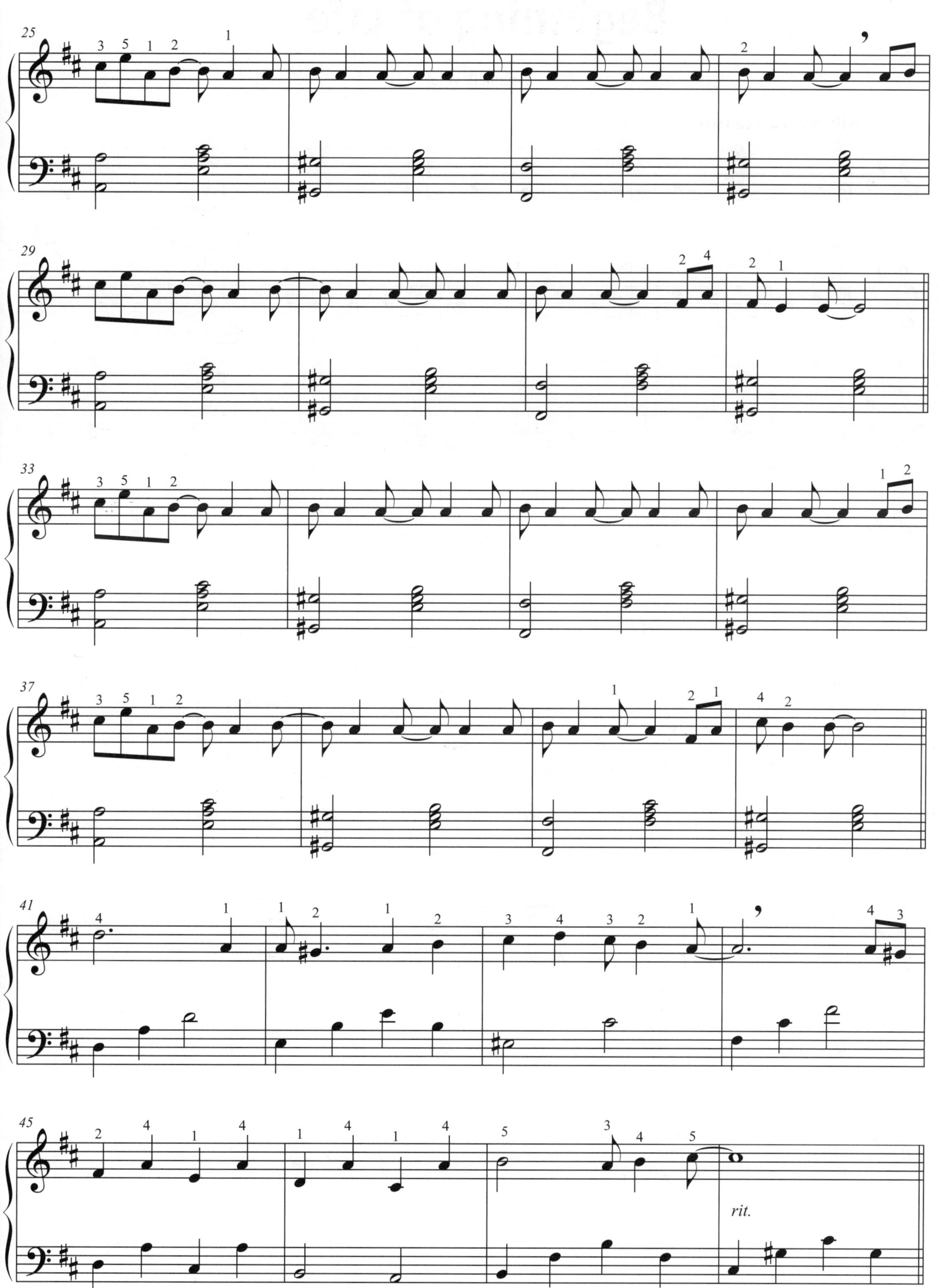
25
29
33
37
41
45
rit.

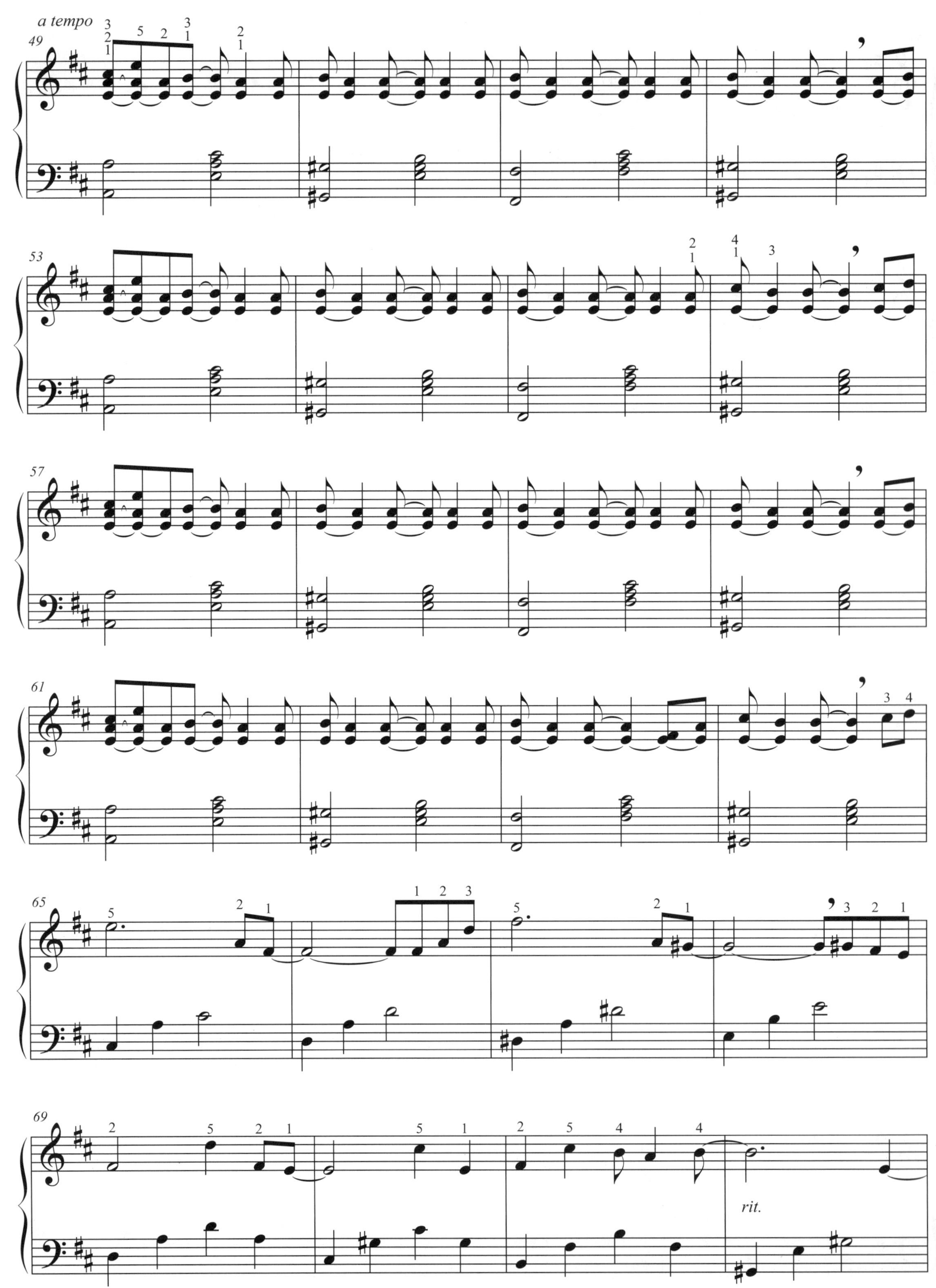
a tempo
rit.

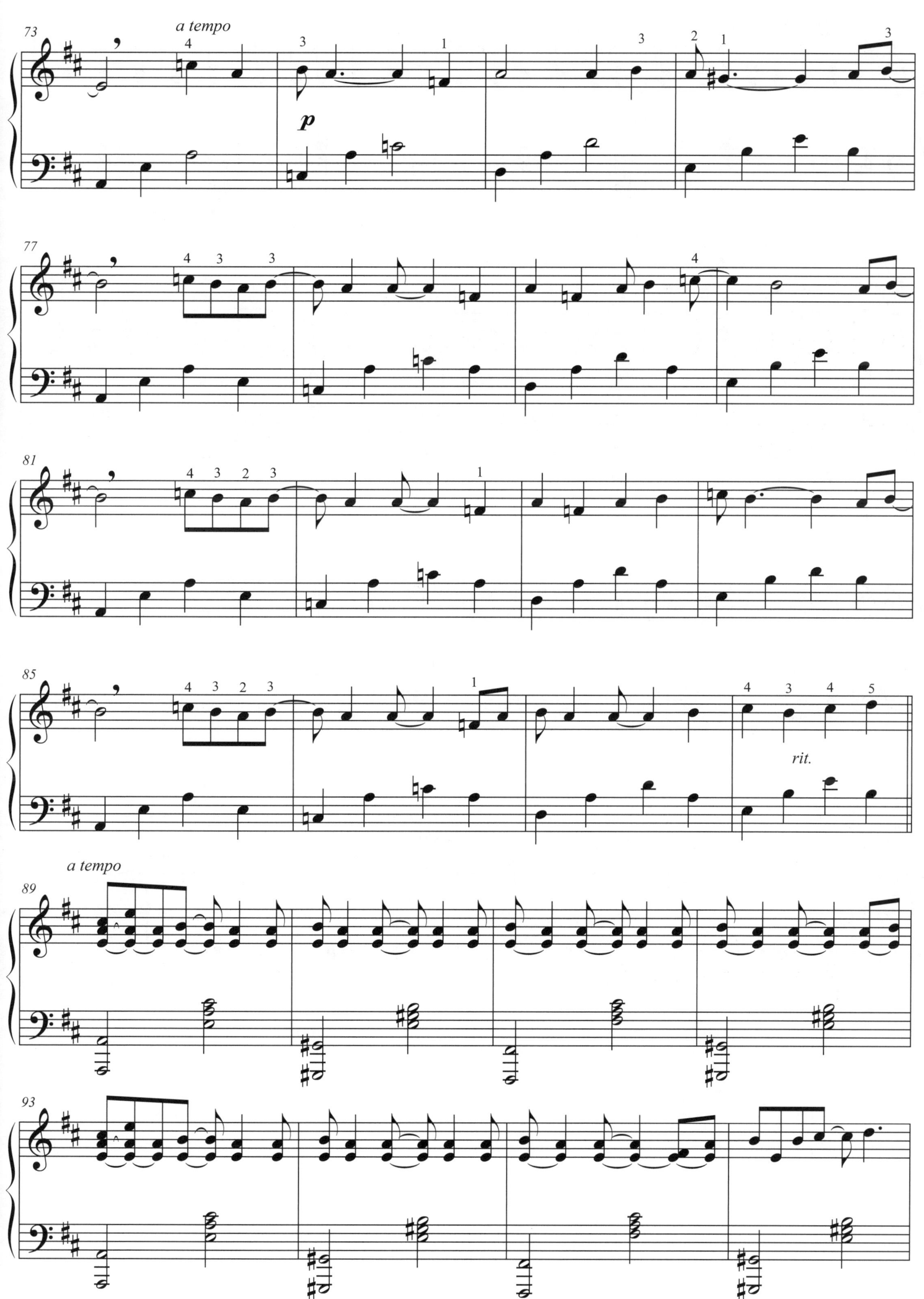
73
a tempo
p
77
81
85
rit.
a tempo
89
93

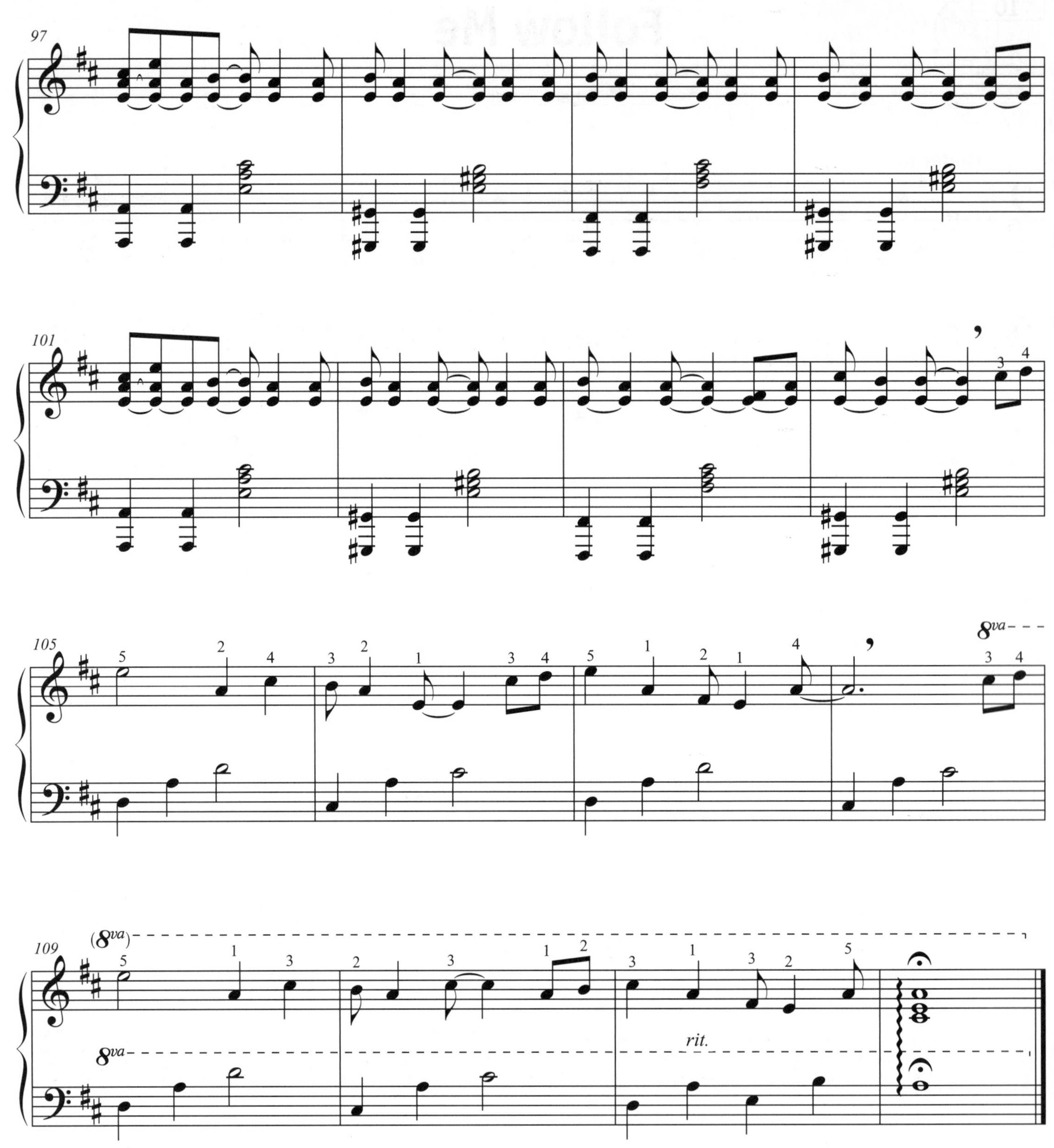
97
101
105
109
8va
(8va)
rit.

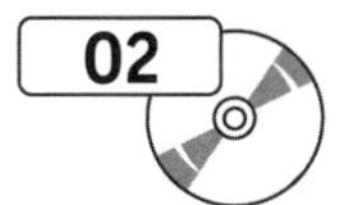

A Fiori

Tatjana Davidoff

Con espressivo

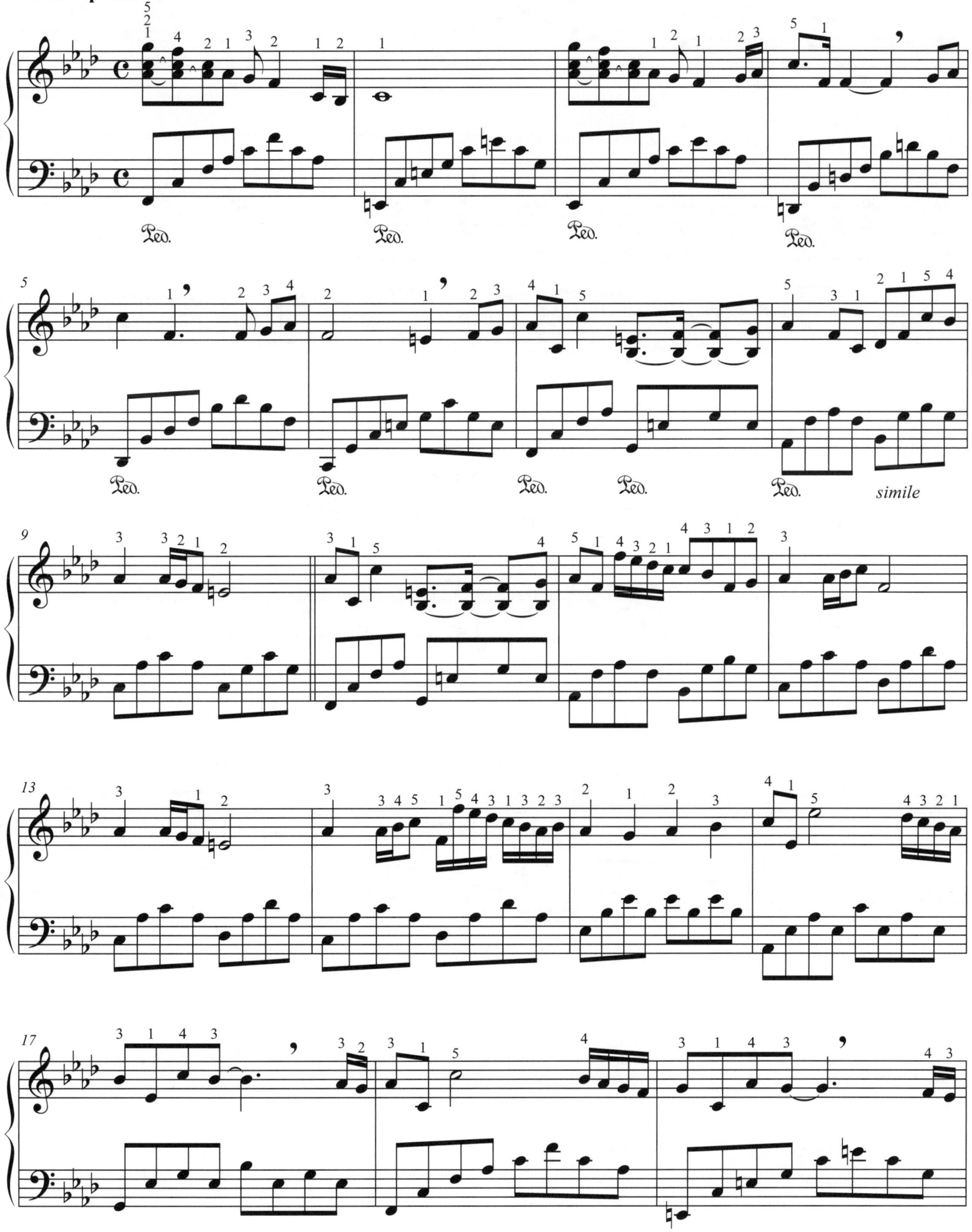

simile

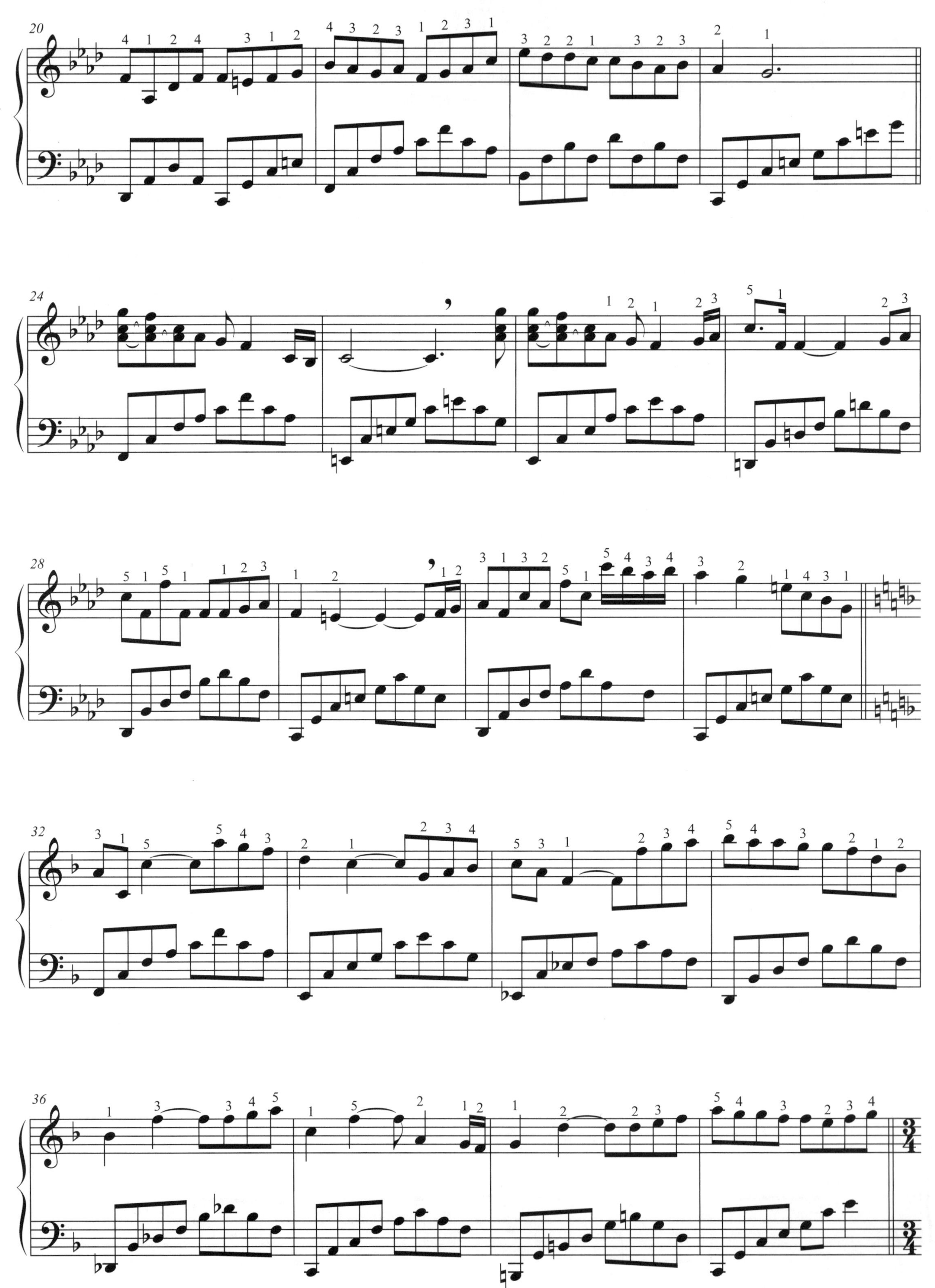

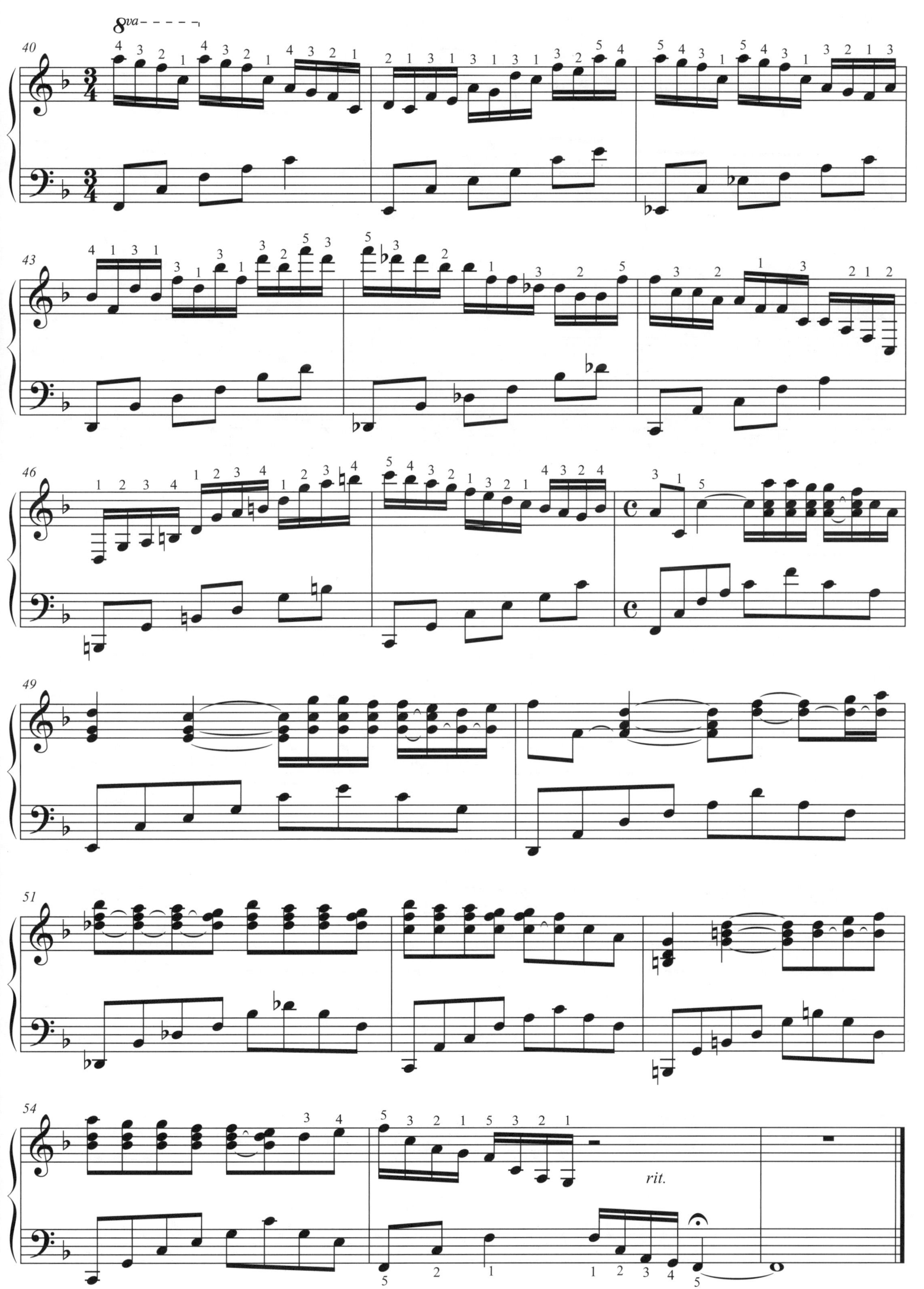
8va
rit.

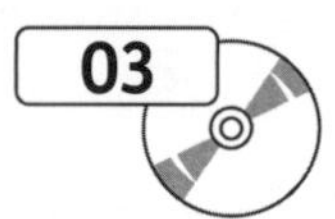

Diskussion

Tatjana Davidoff

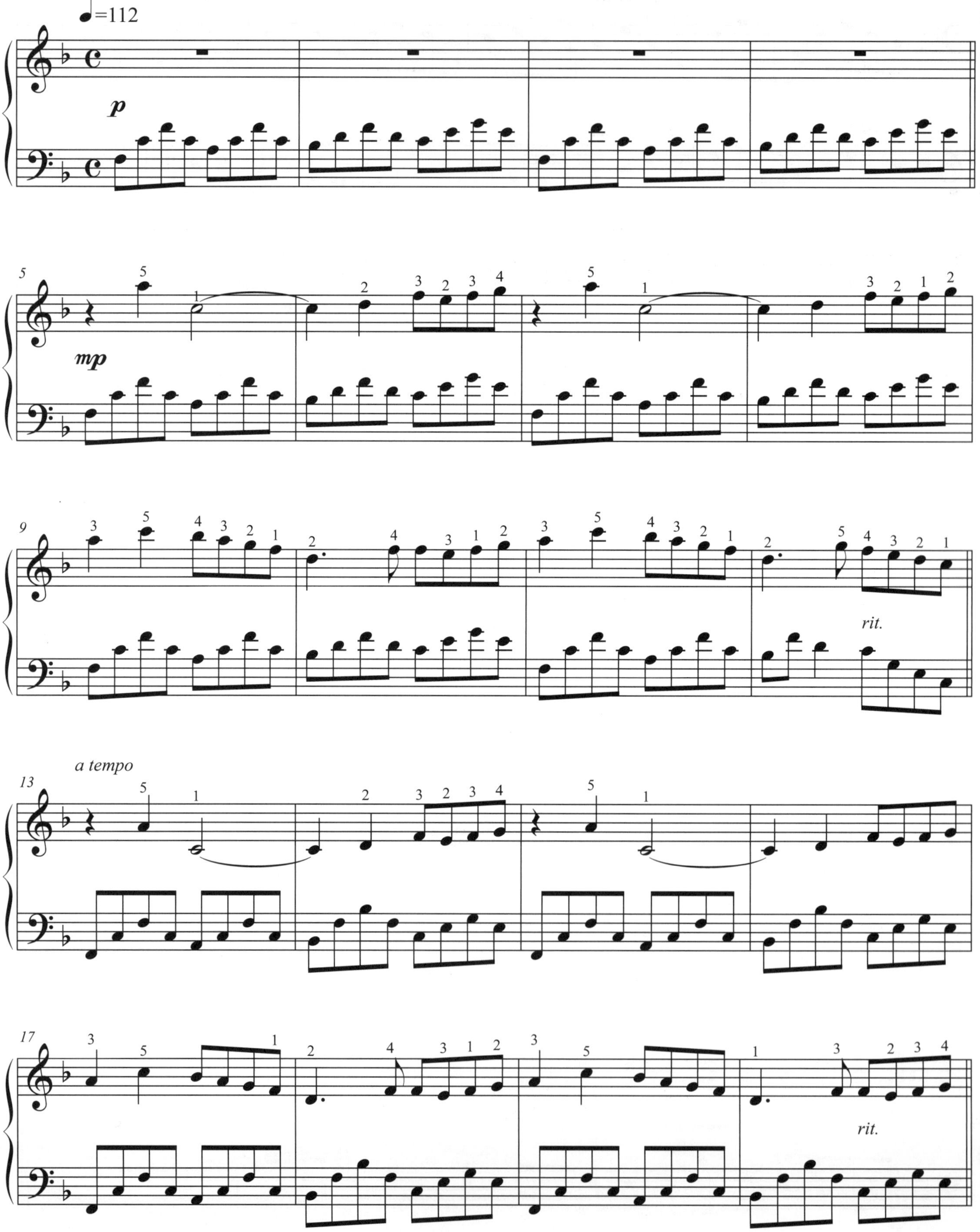

♩=112

p

5

mp

9

rit.

a tempo

13

17

rit.

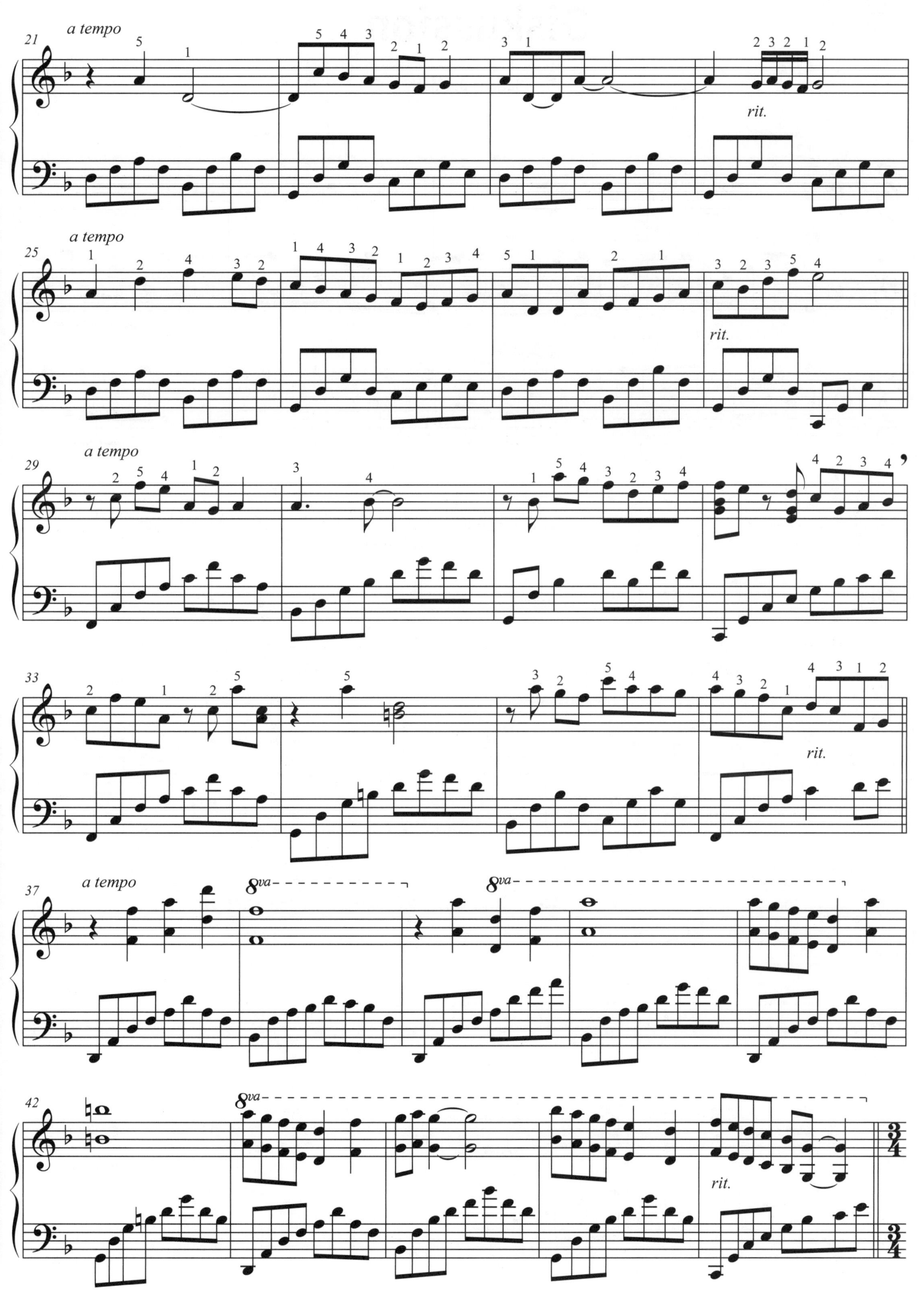
a tempo
rit.
a tempo
rit.
a tempo
rit.
a tempo
8va
8va
8va
rit.

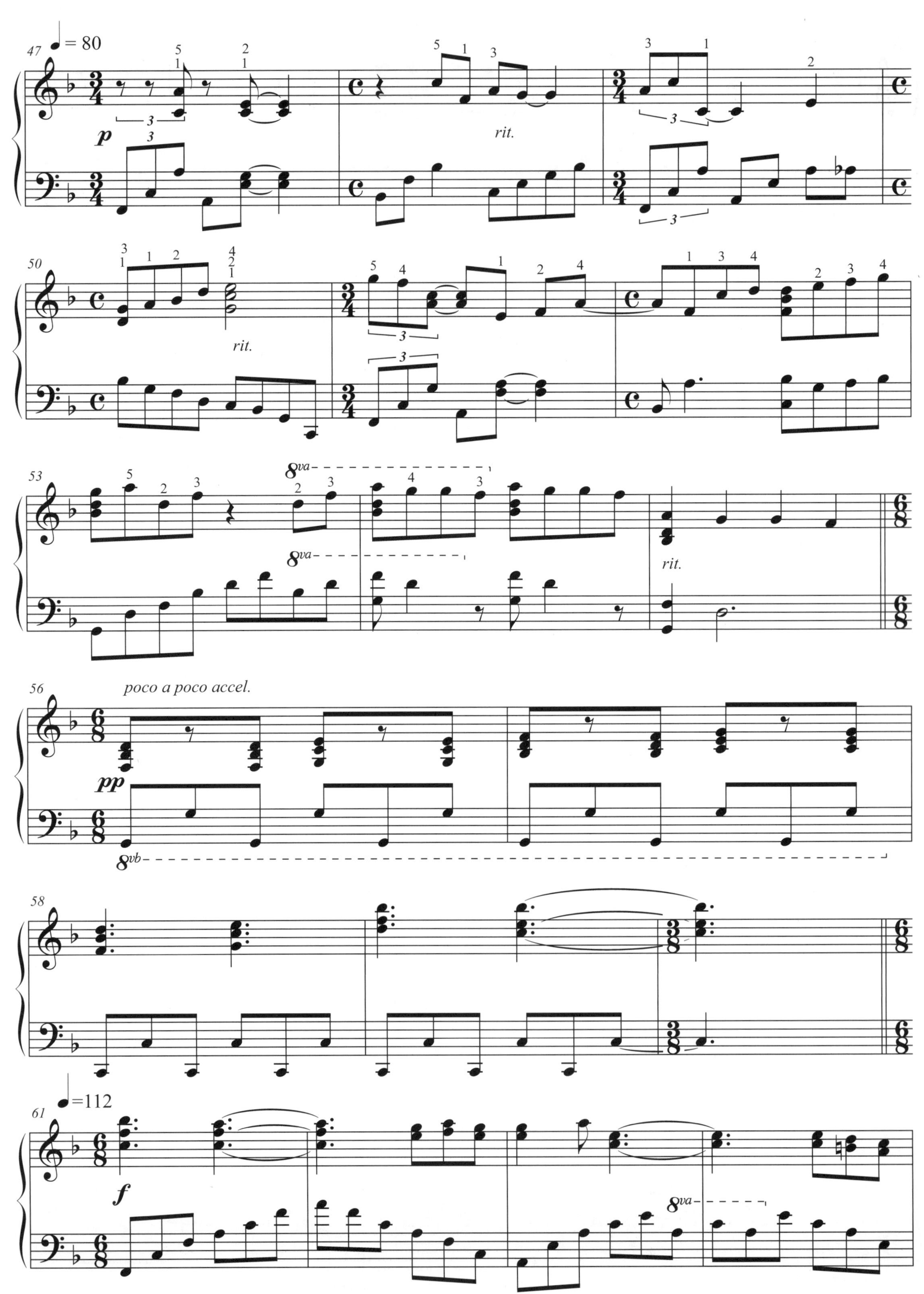
47
♩= 80
p
rit.
50
rit.
53
8va
rit.
56
poco a poco accel.
pp
8vb
58
61
♩=112
f
8va

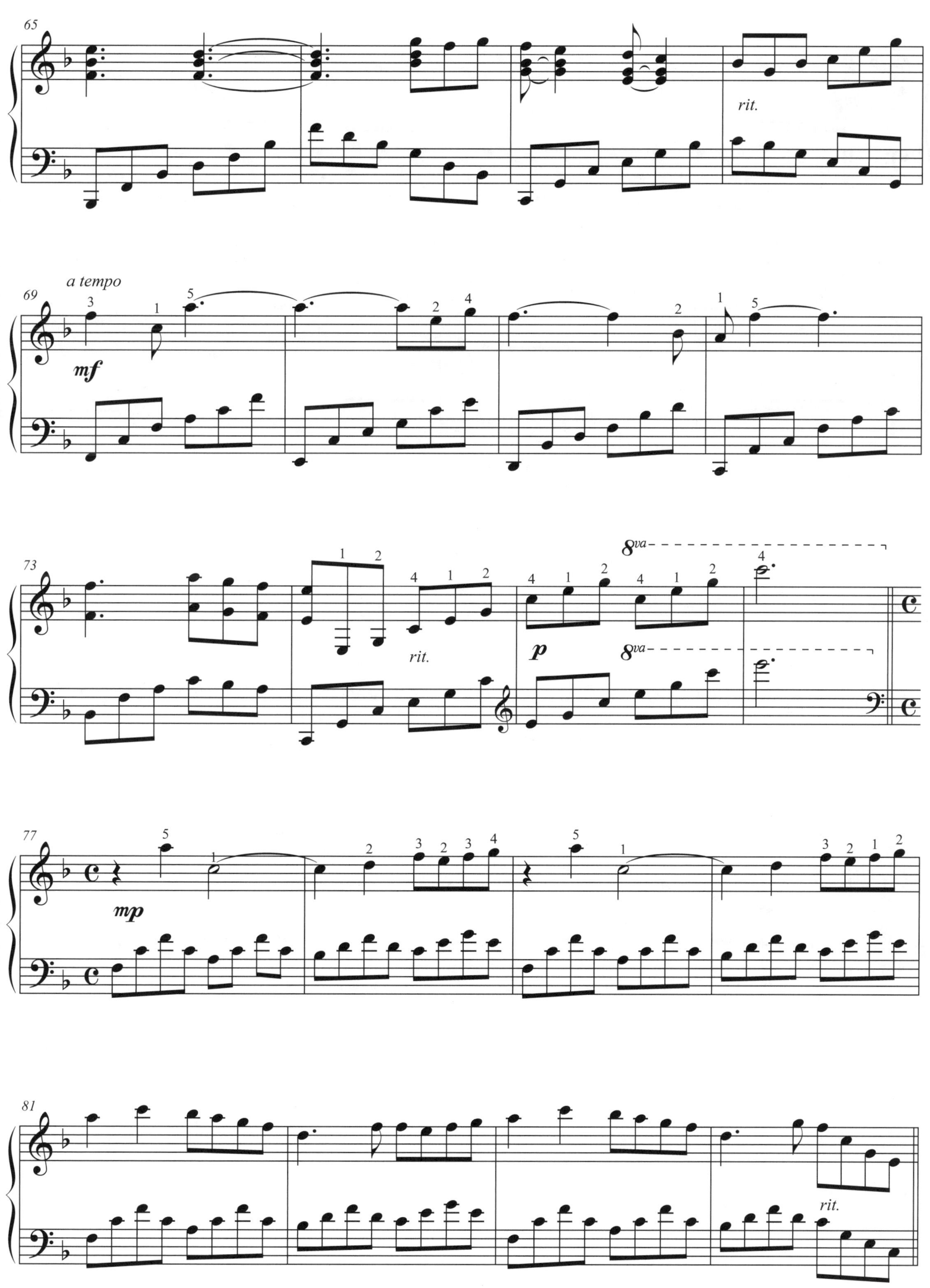
rit.
a tempo
mf
8va
rit.
p
8va
mp
rit.

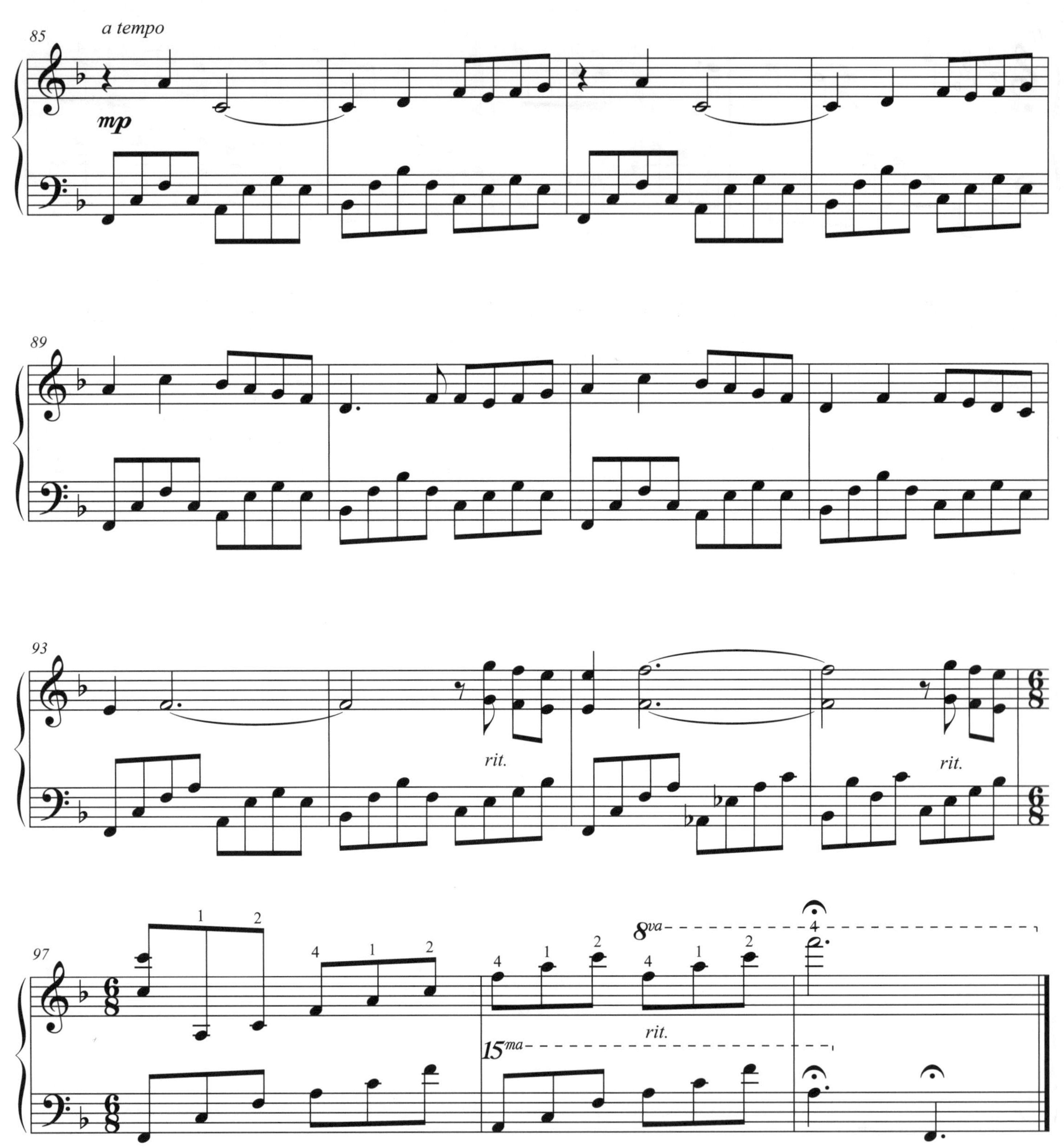
85
a tempo
mp
89
93
rit.
rit.
97
8va
15ma
rit.

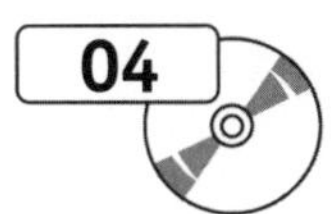

Love Story

Tatjana Davidoff

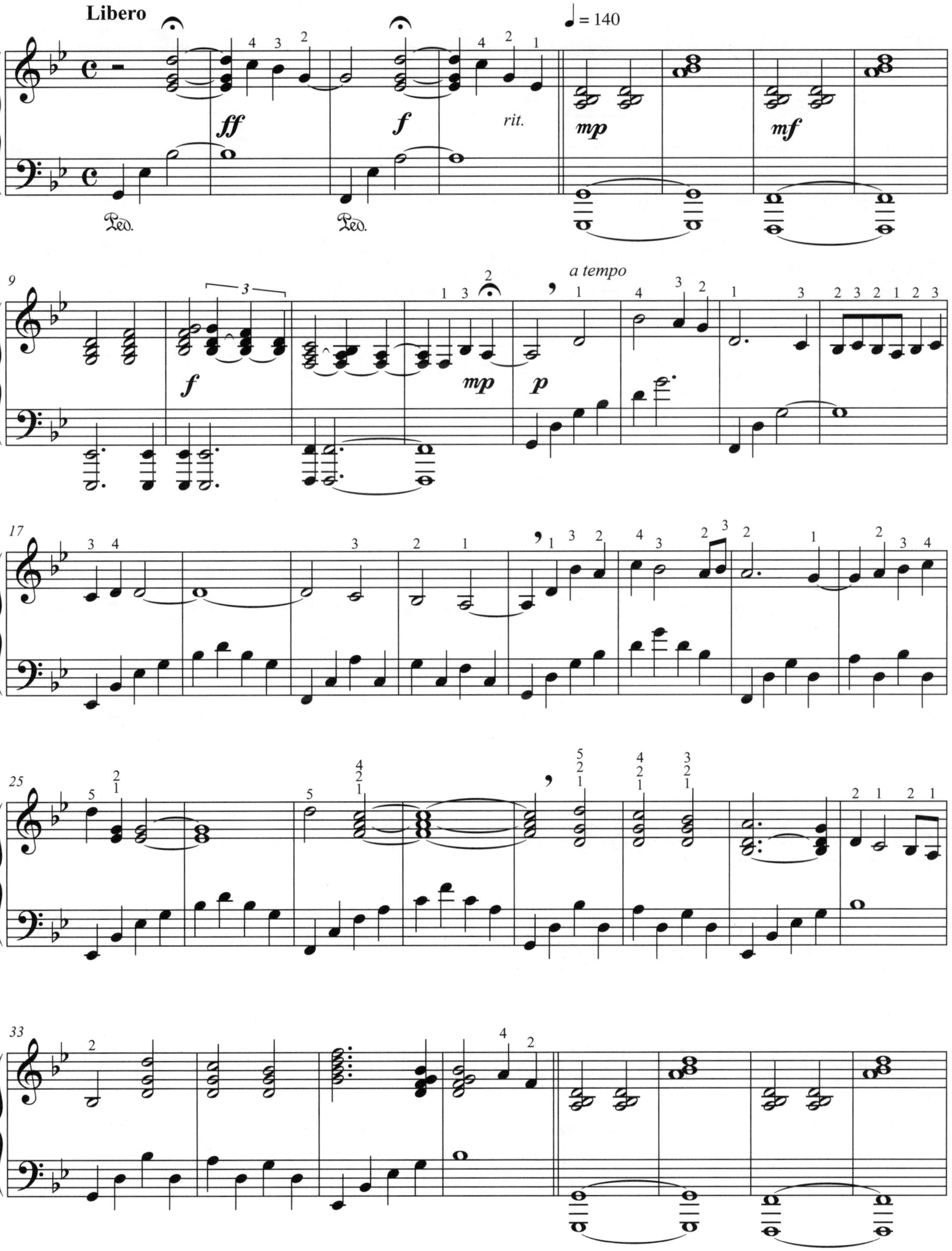

Libero

♩ = 140

ff *f* *rit.* *mp* *mf*

f *mp* *p* *a tempo*

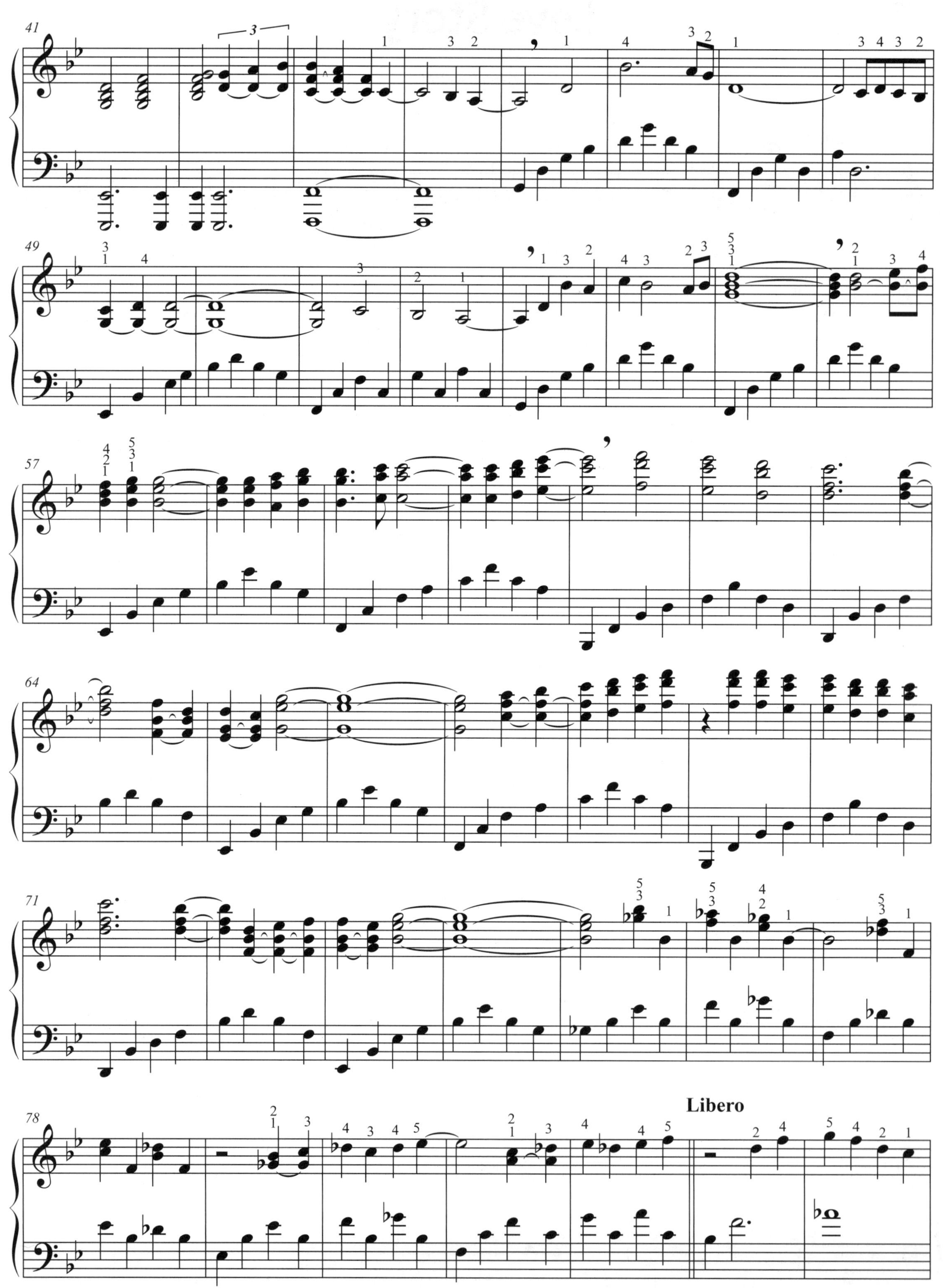
Libero

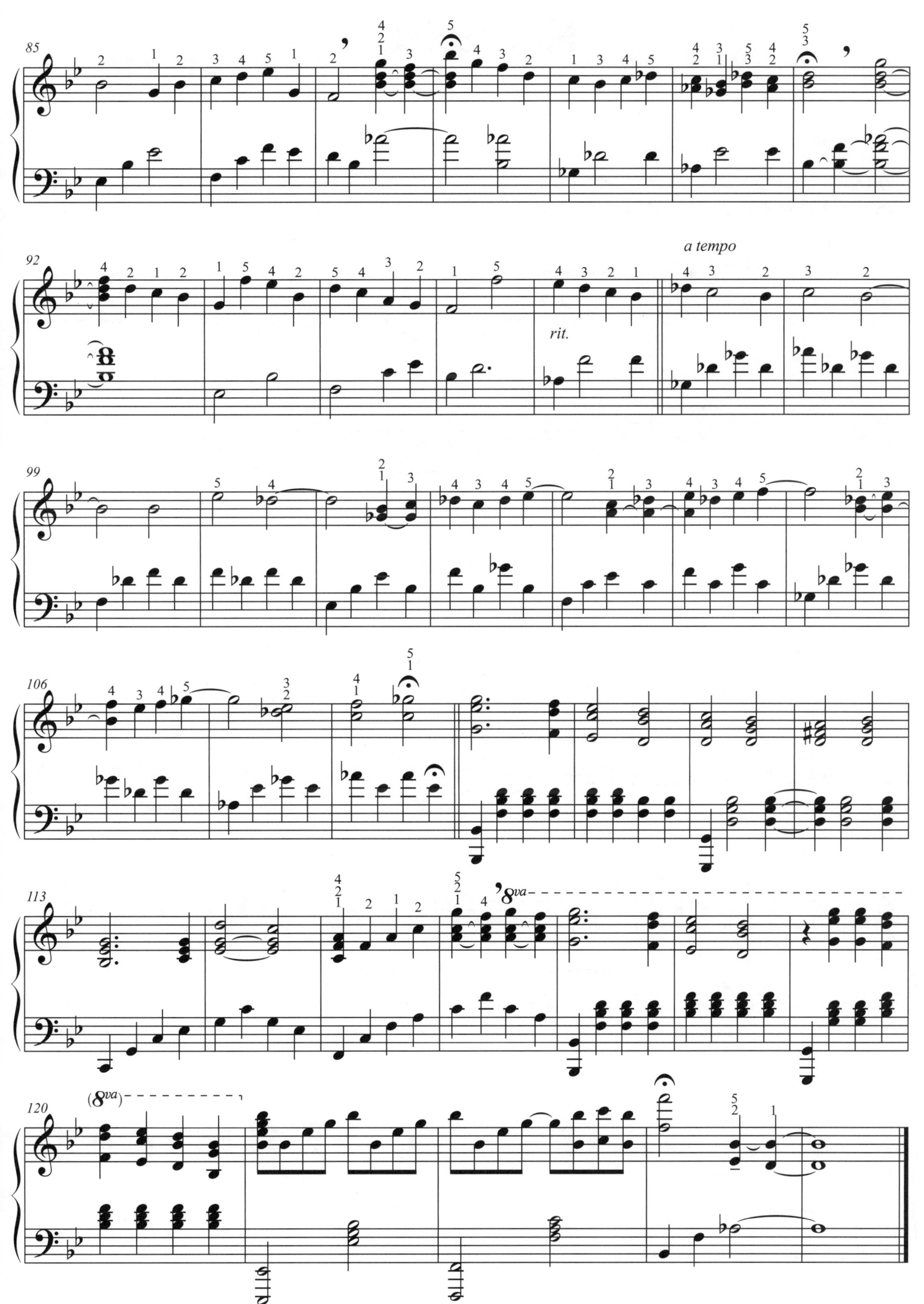
a tempo
rit.
8va
(8va)

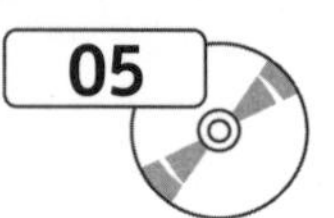

Mer Noire

Tatjana Davidoff

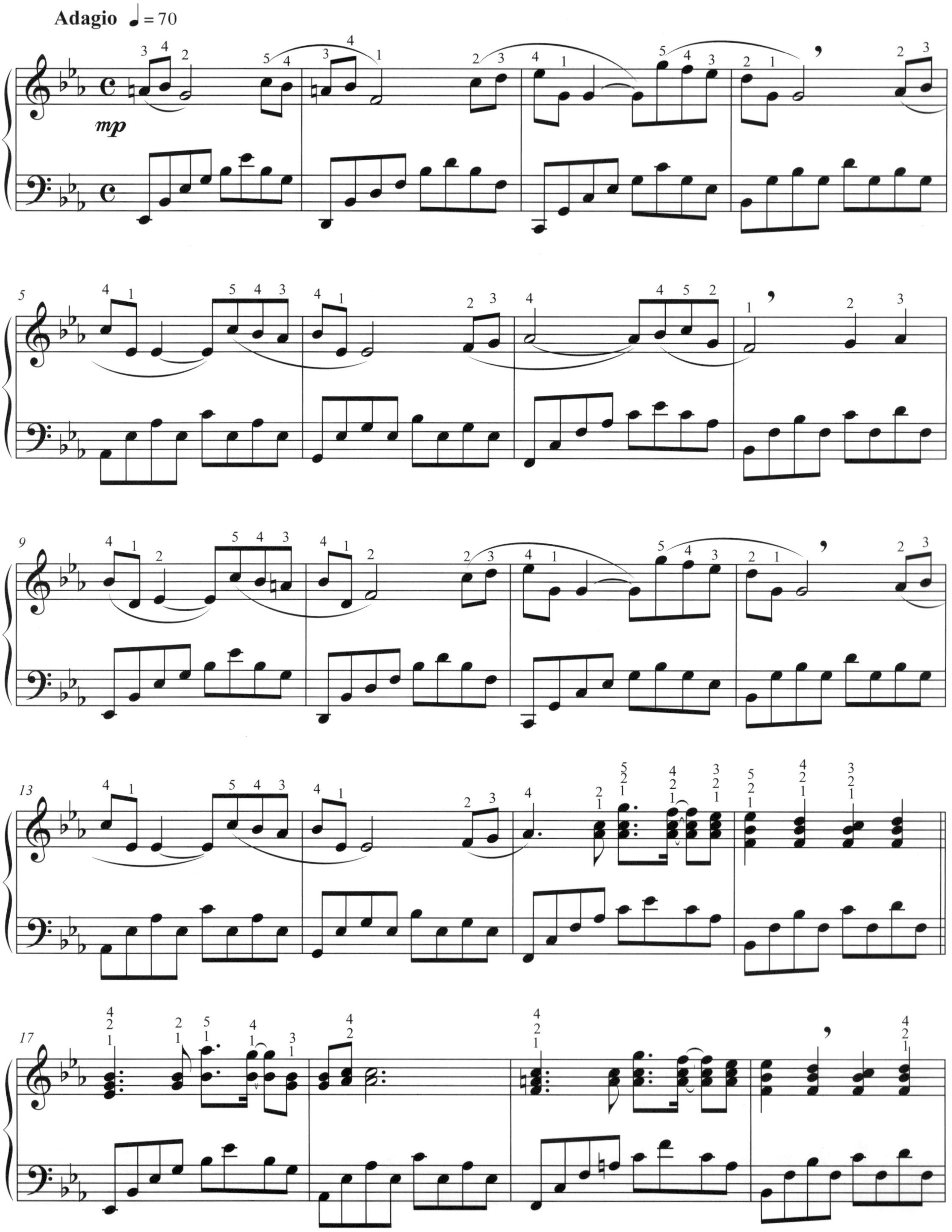

Adagio ♩ = 70

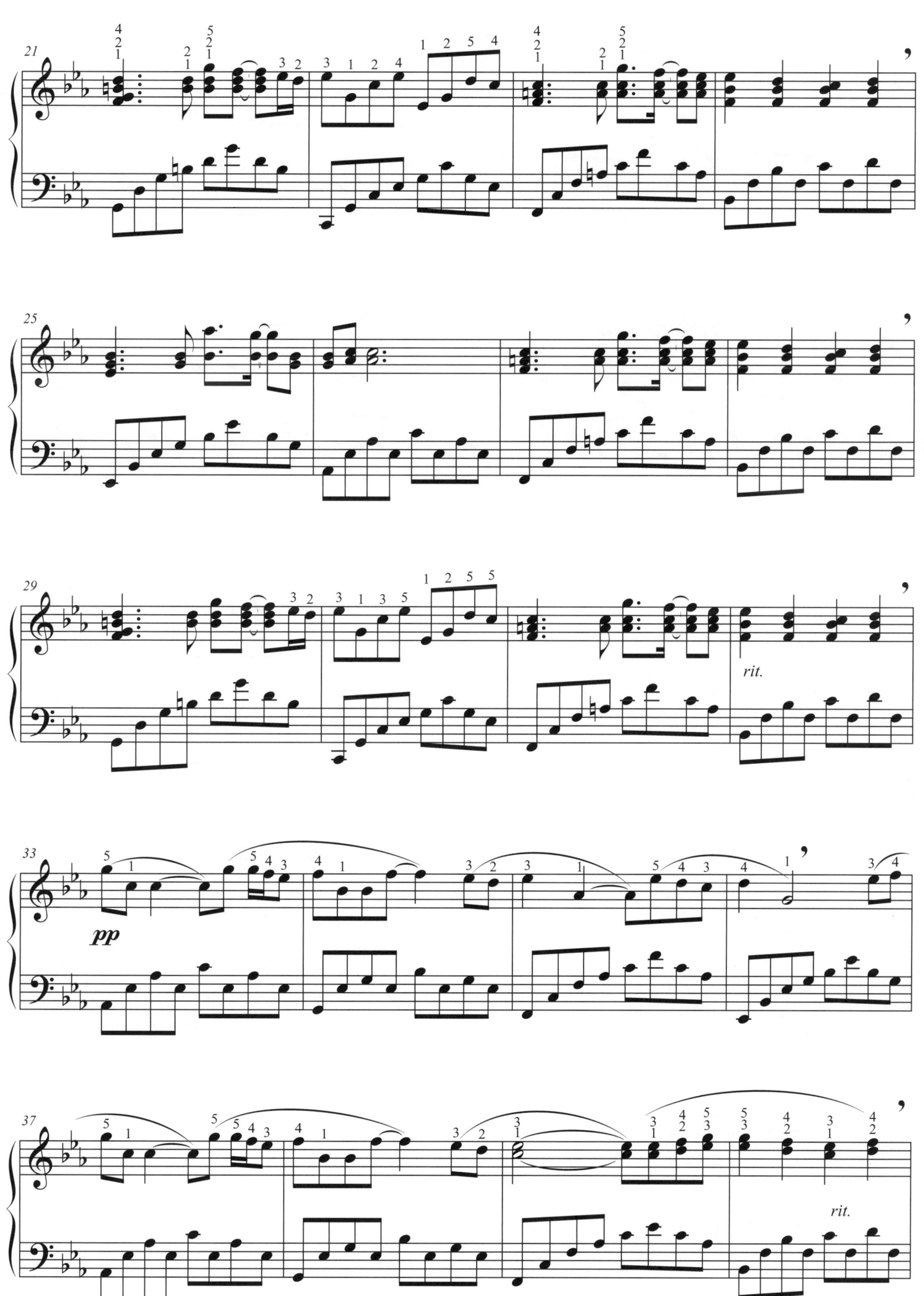
21
25
29
rit.
33
pp
37
rit.

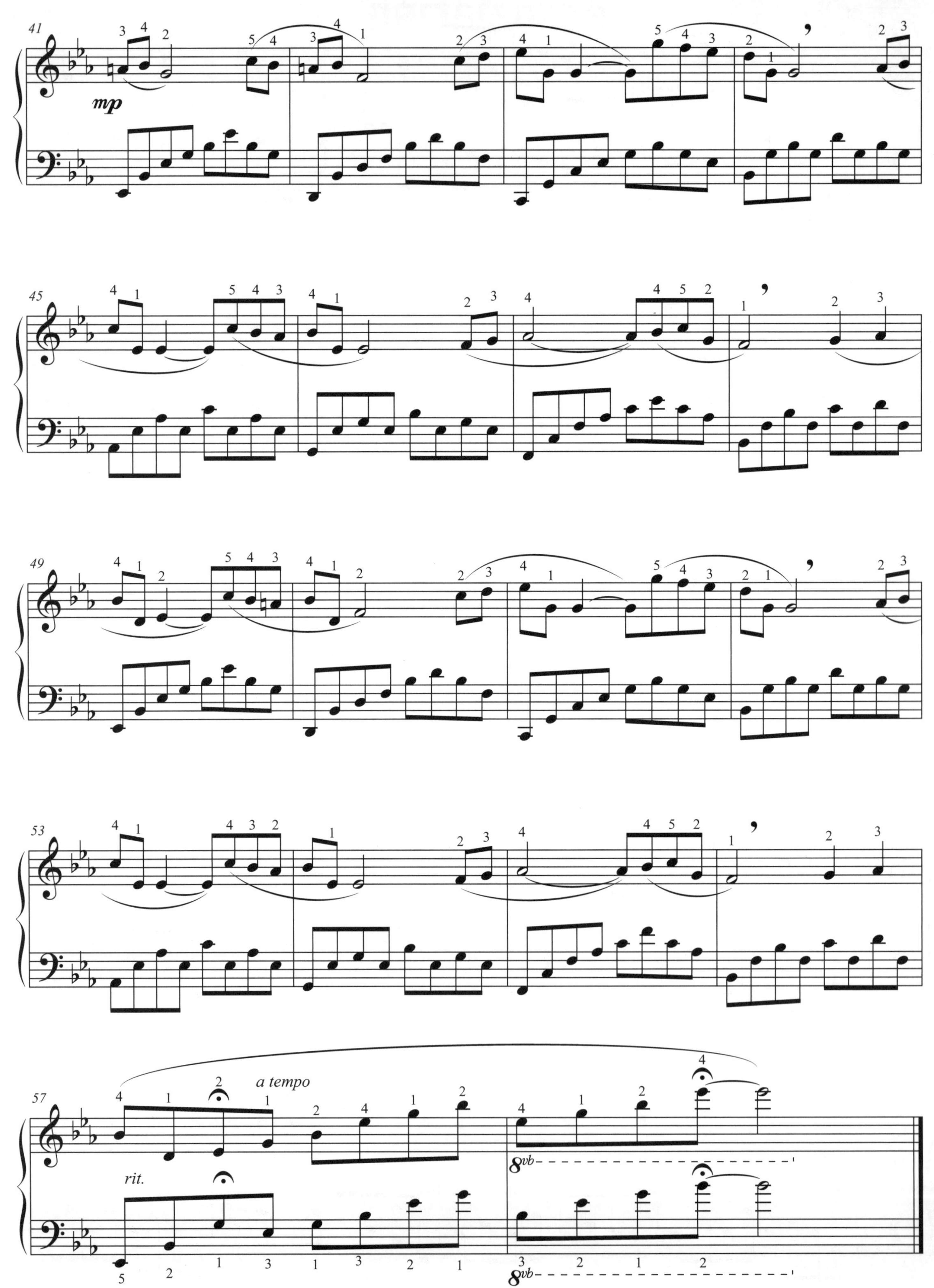
mp
a tempo
rit.
8vb
8vb

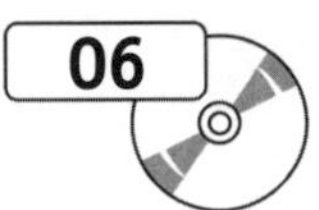

Assoziation

Tatjana Davidoff

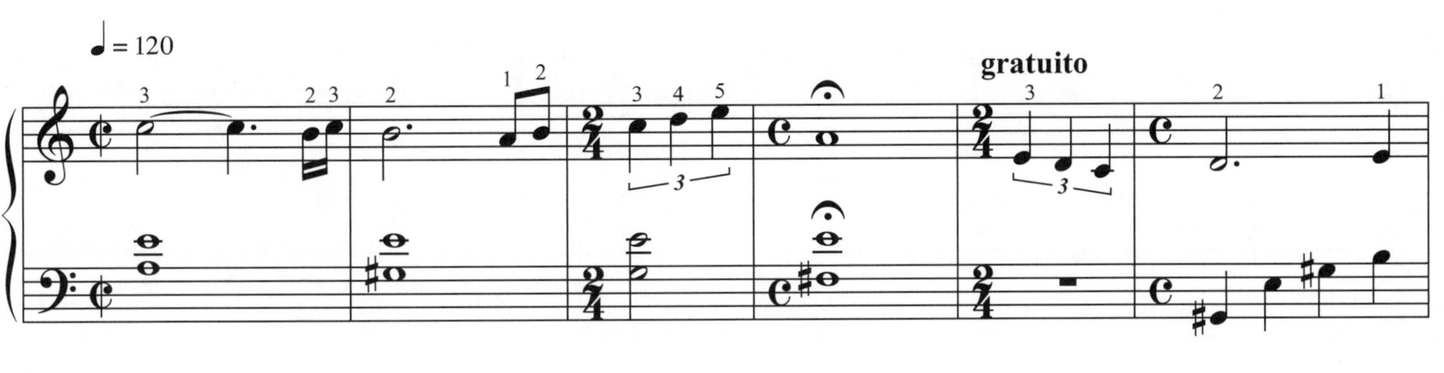

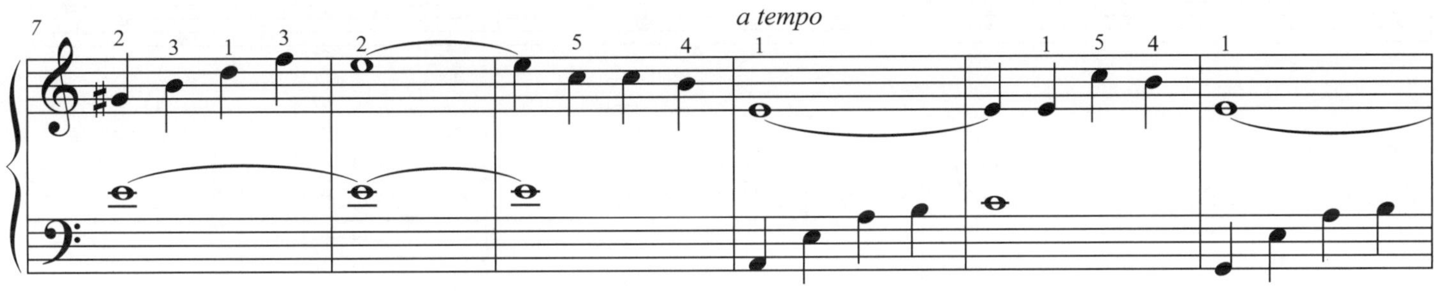

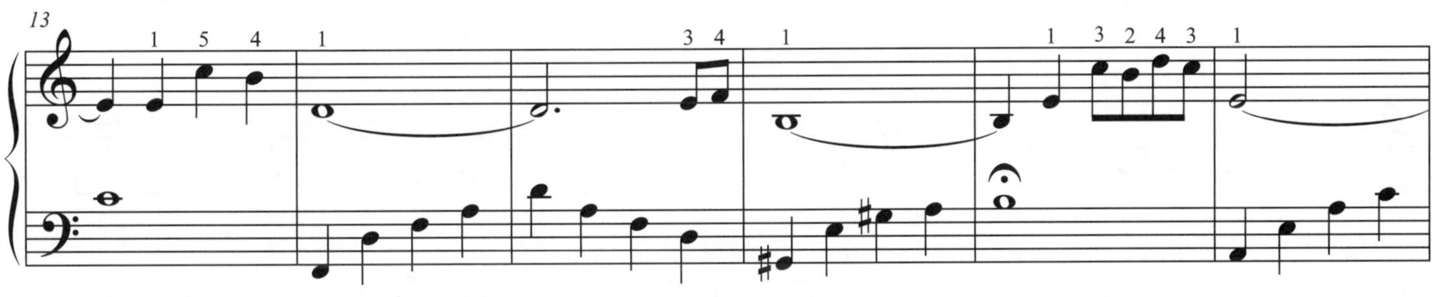

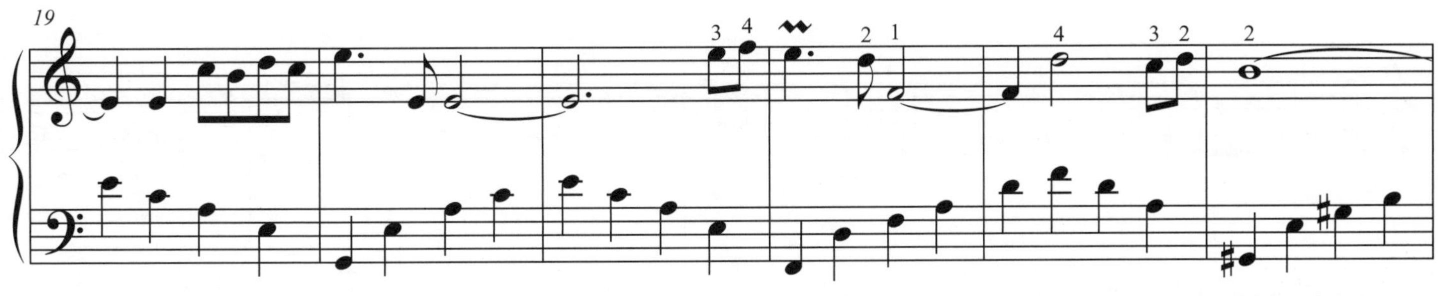

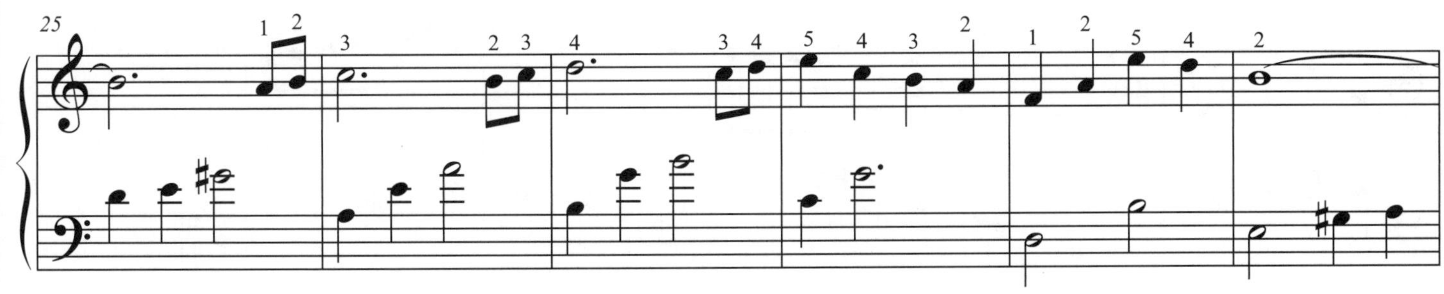

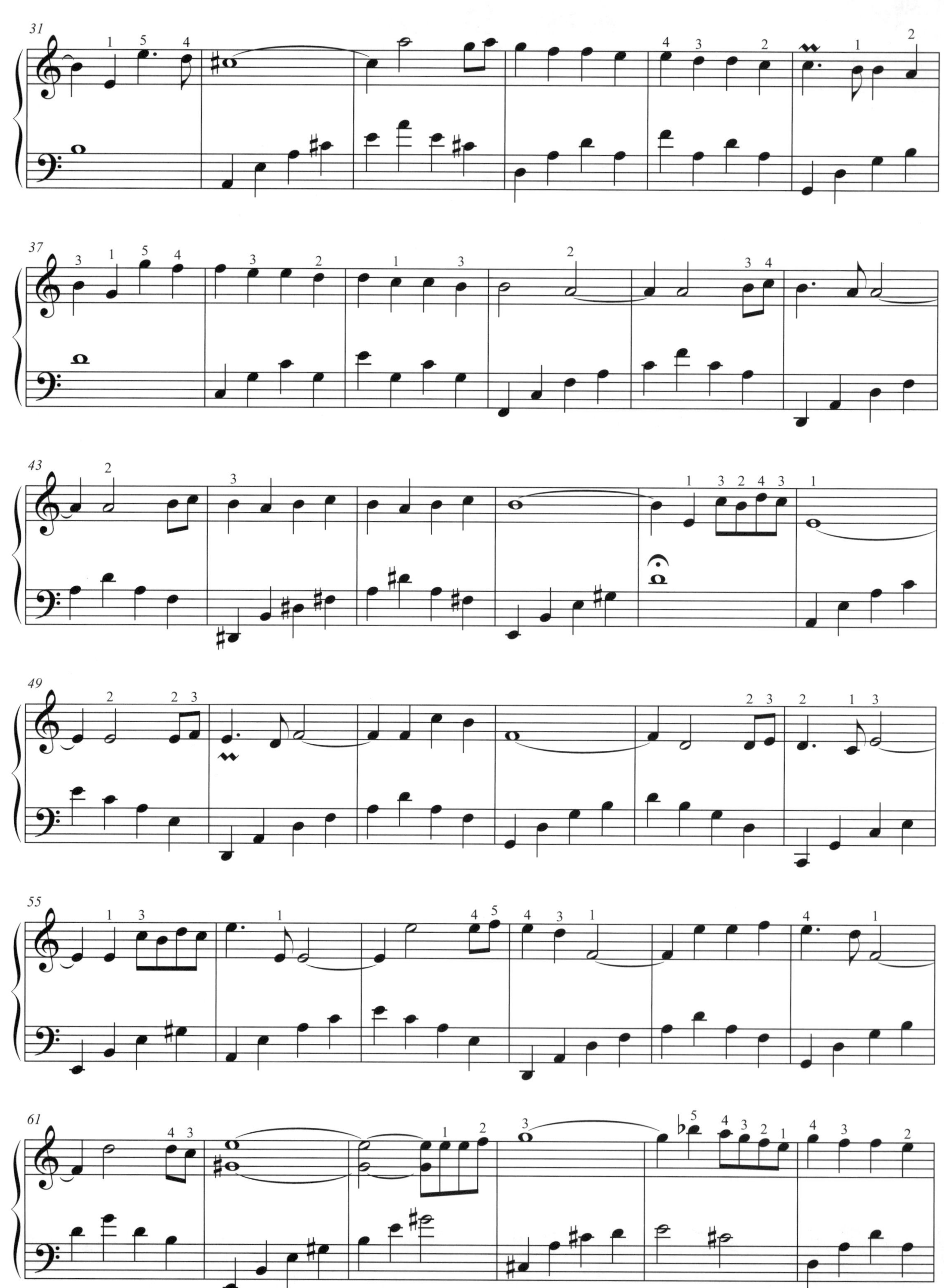

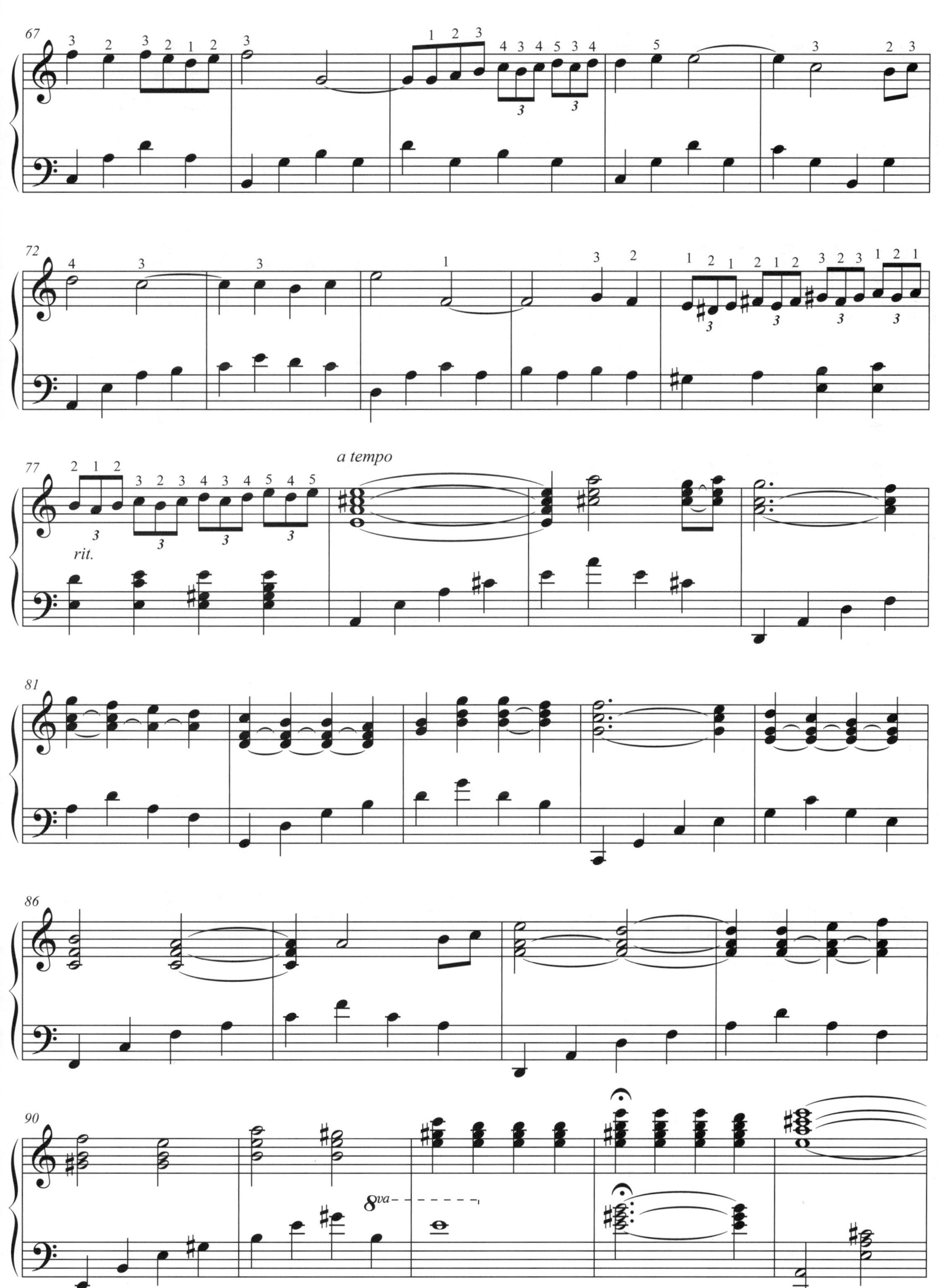

67
72
a tempo
77
rit.
81
86
90
8va

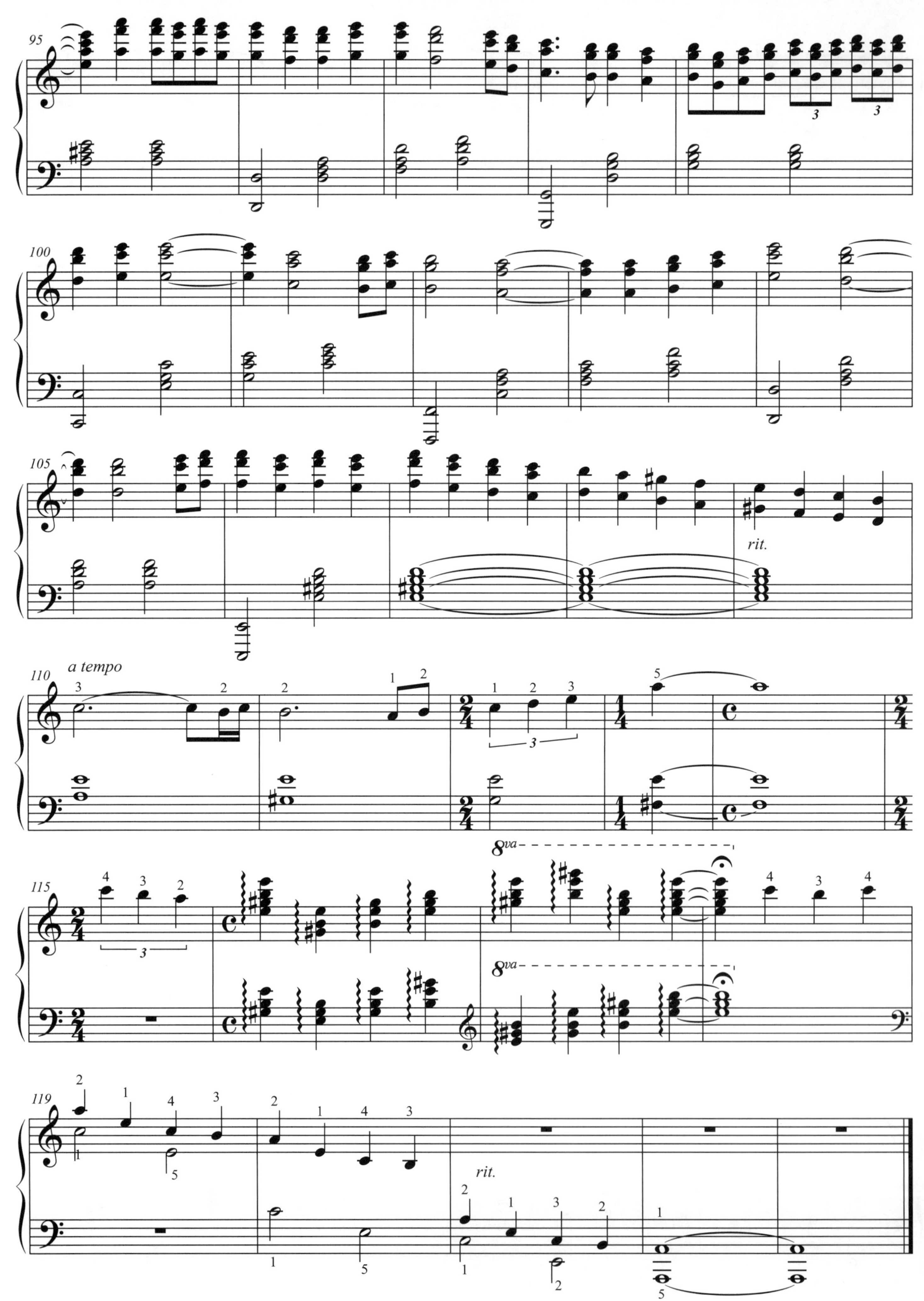

a tempo
rit.
rit.
8va

Good Day

Tatjana Davidoff

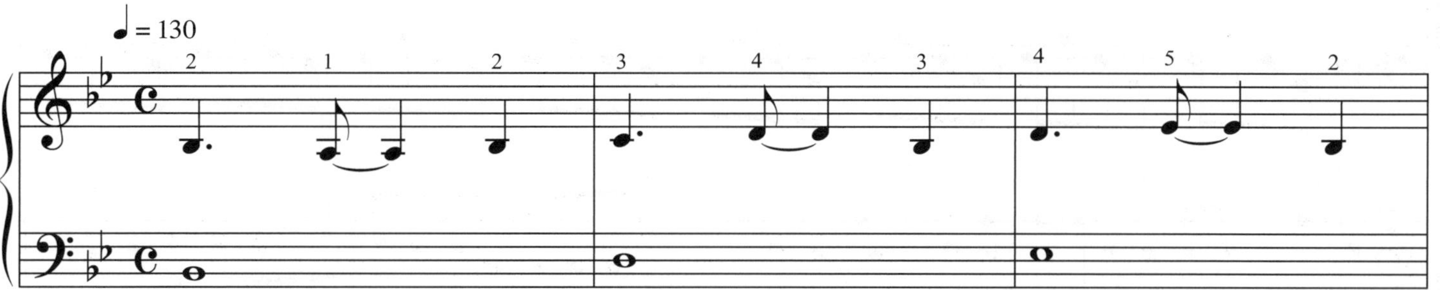

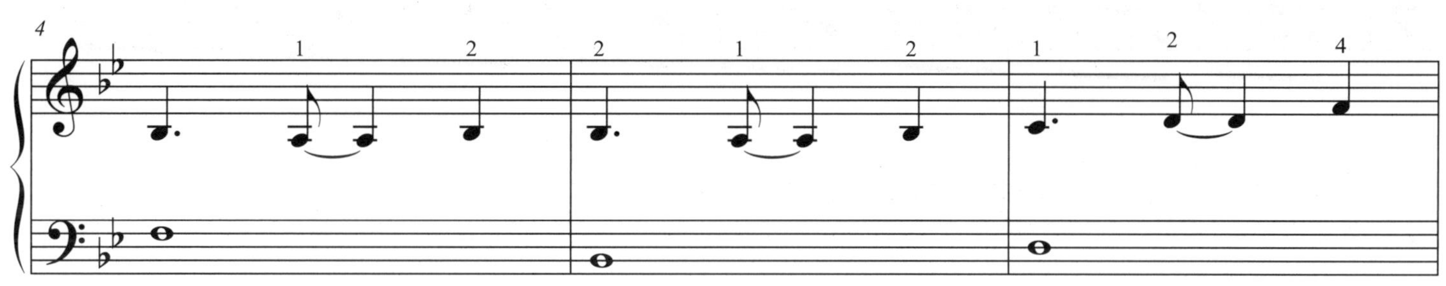

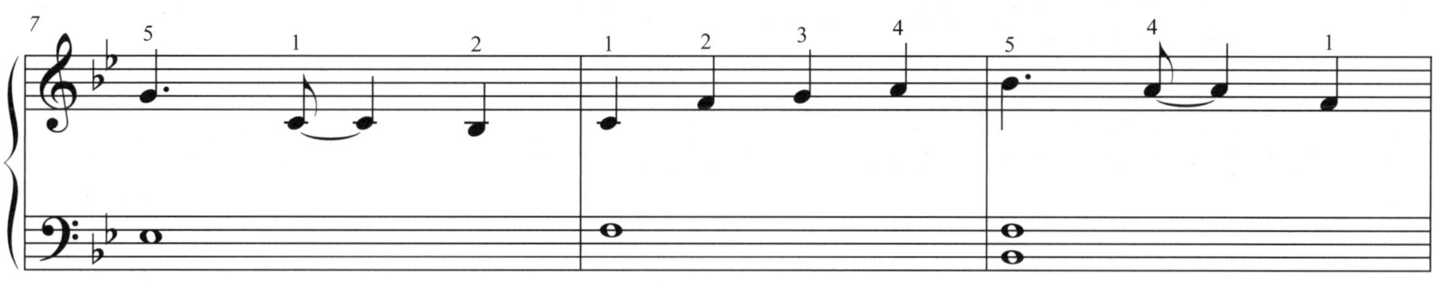

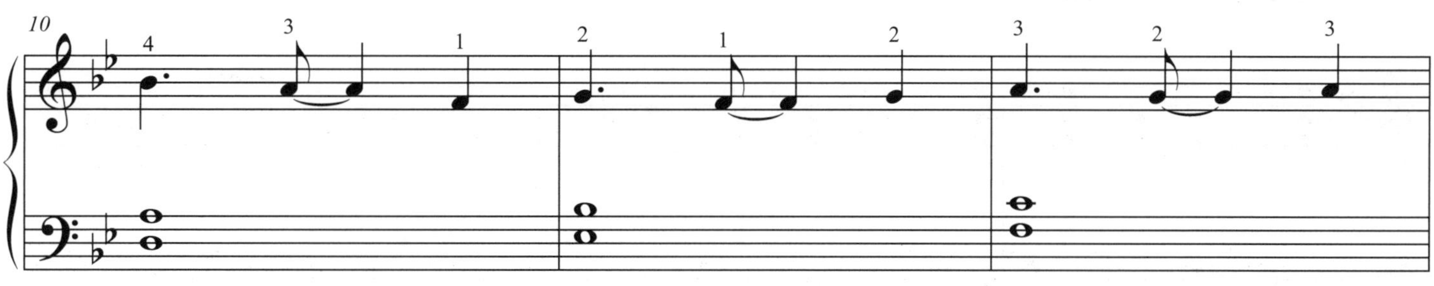

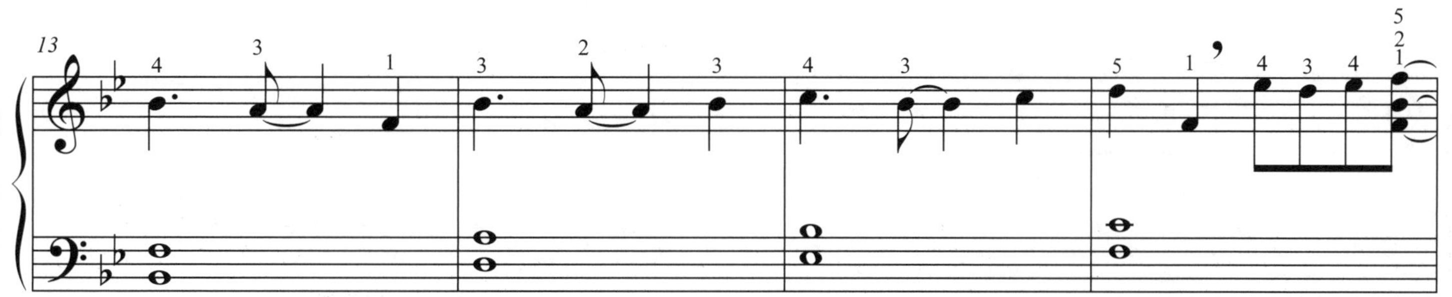

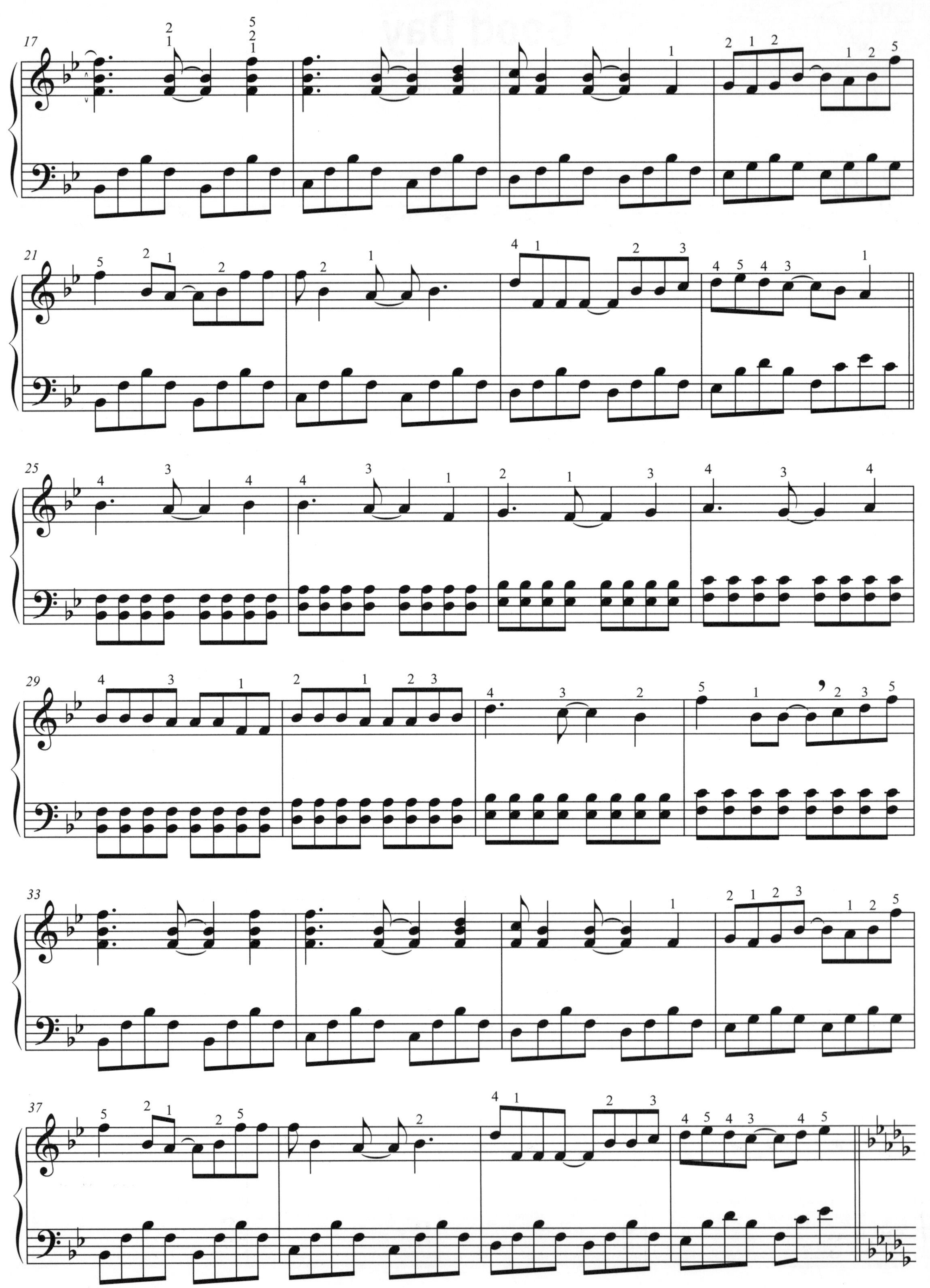

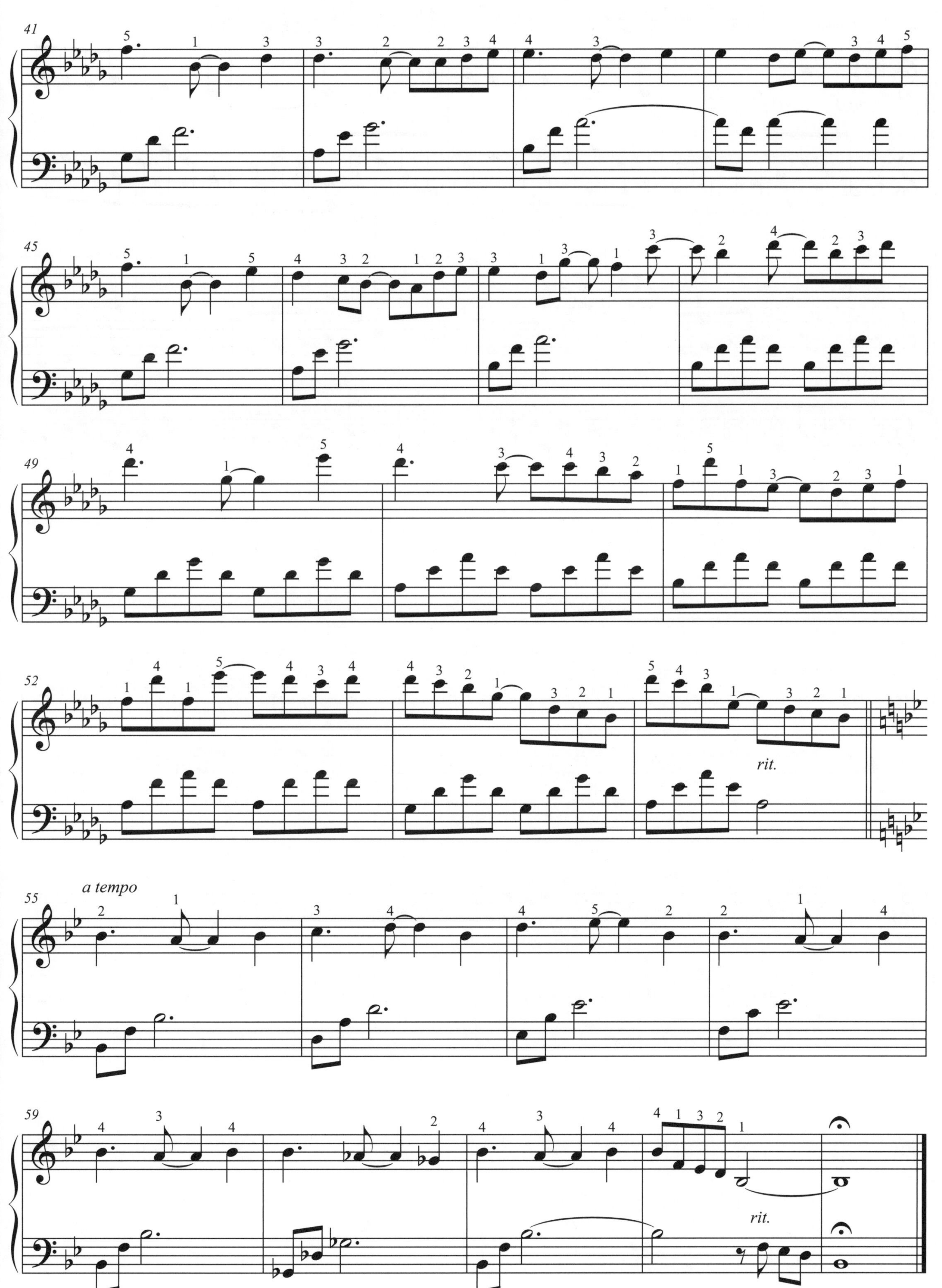
a tempo
rit.
rit.

Between Earth and Heaven

Tatjana Davidoff

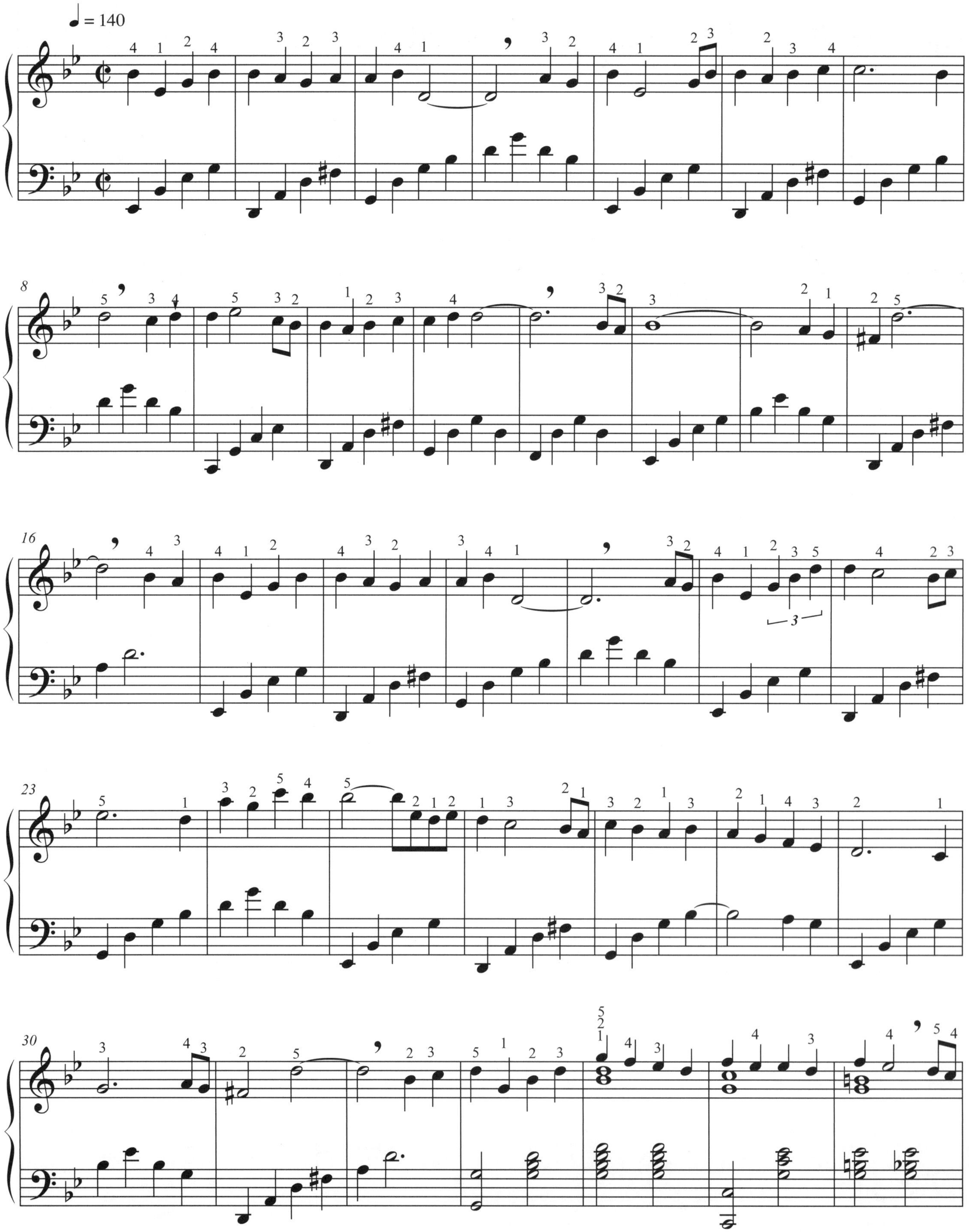

♩ = 140

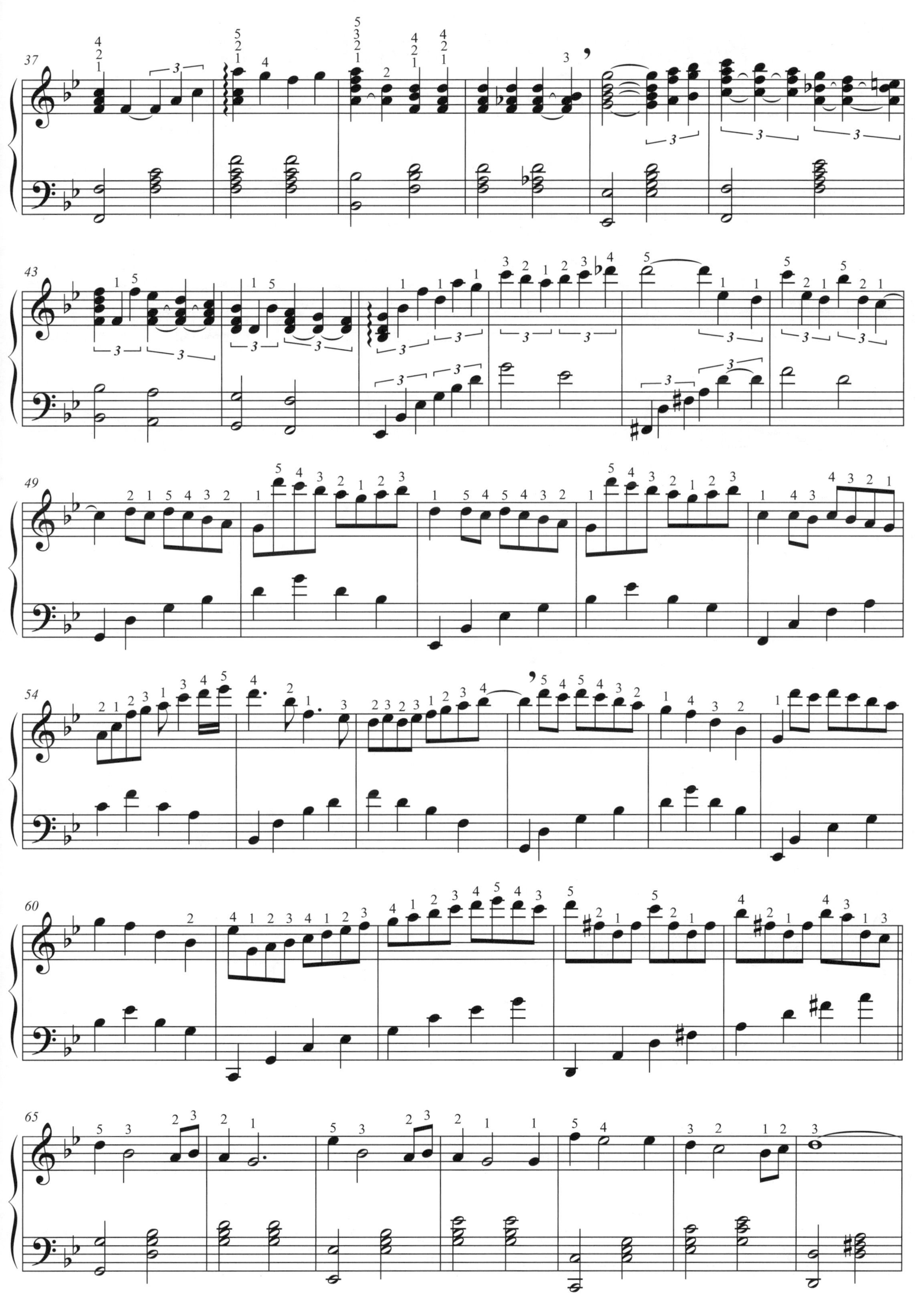

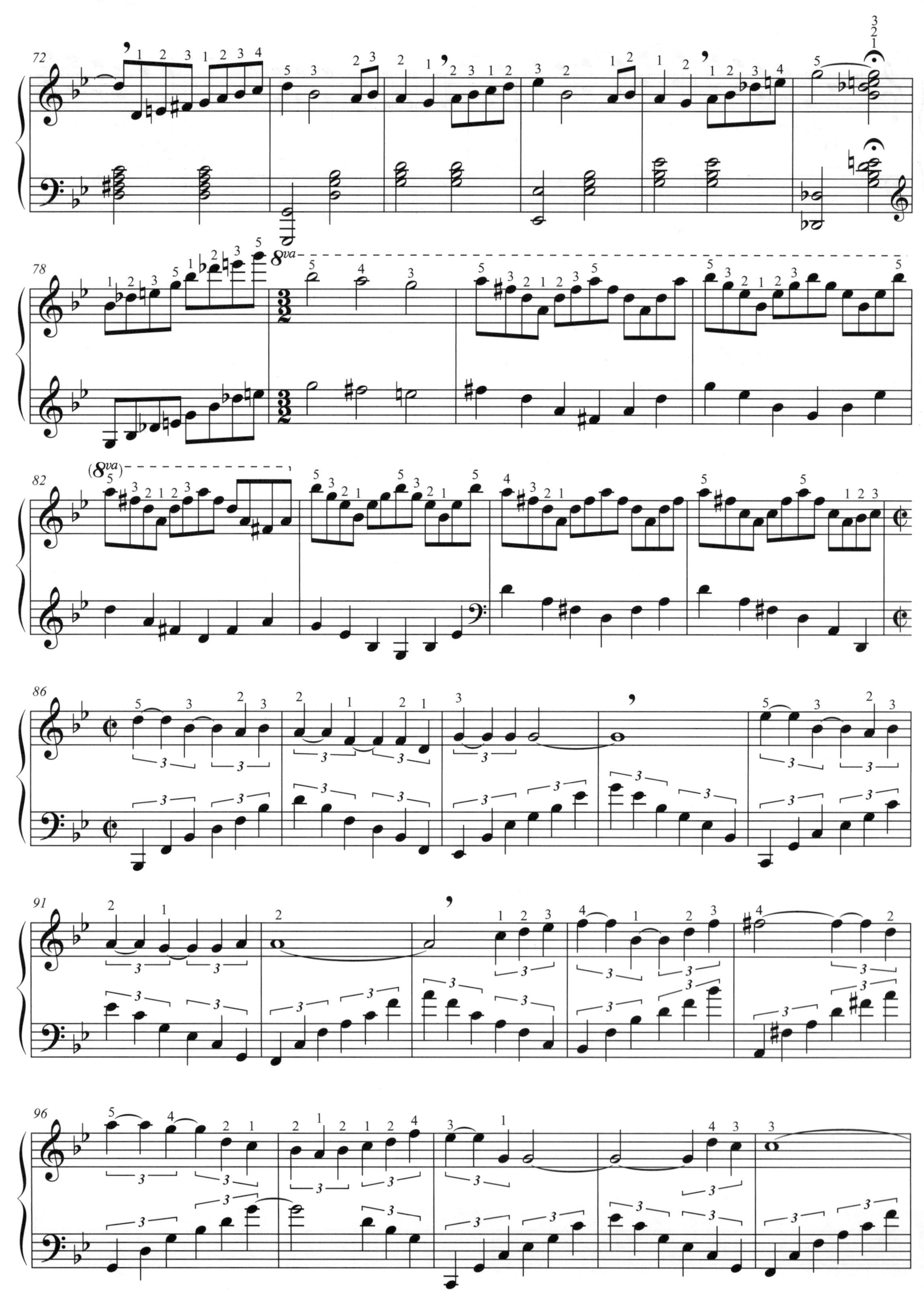

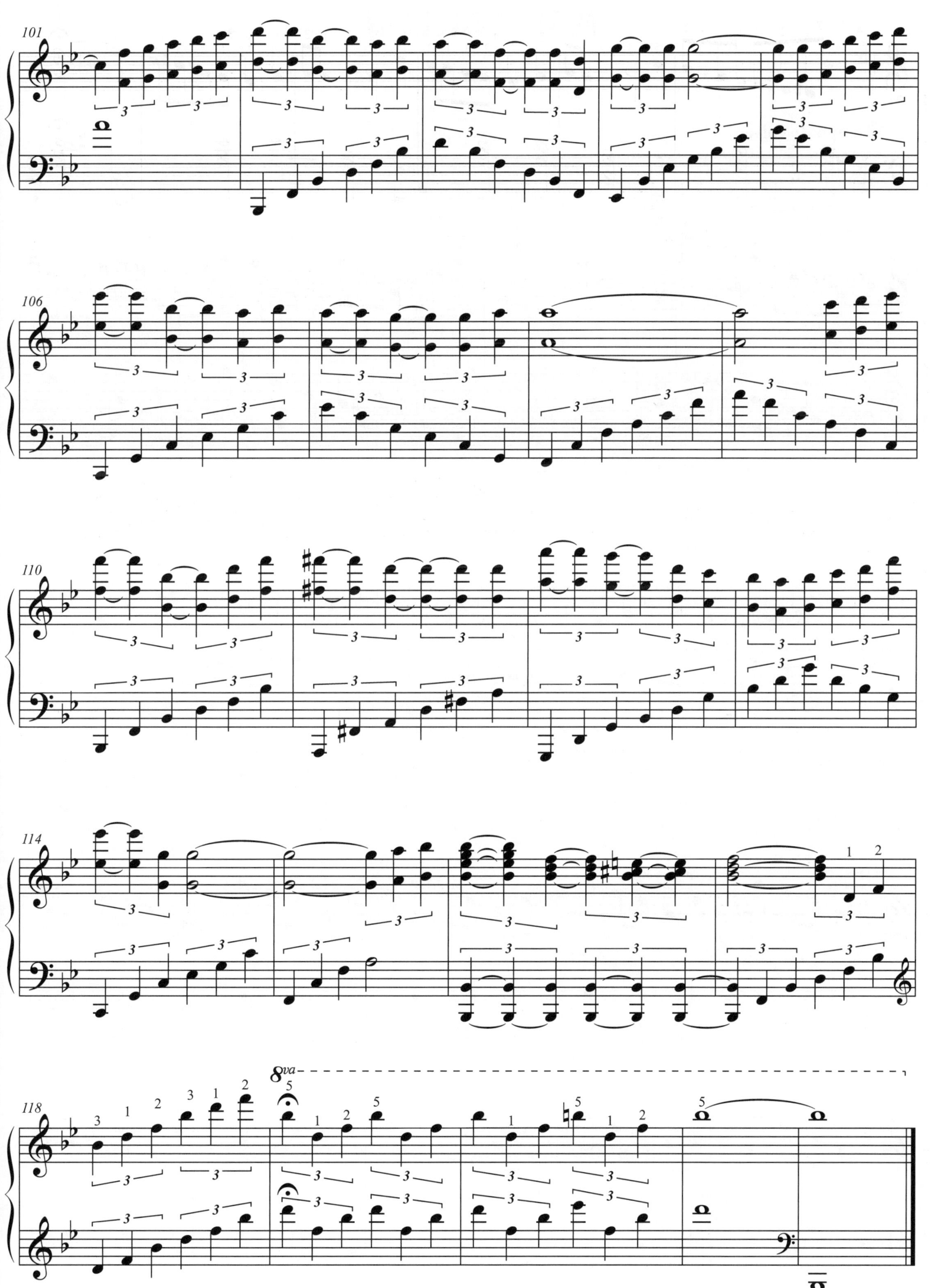
101
106
110
114
118
8va

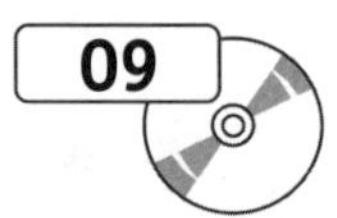

Am Montag

#Tatjana Davidoff

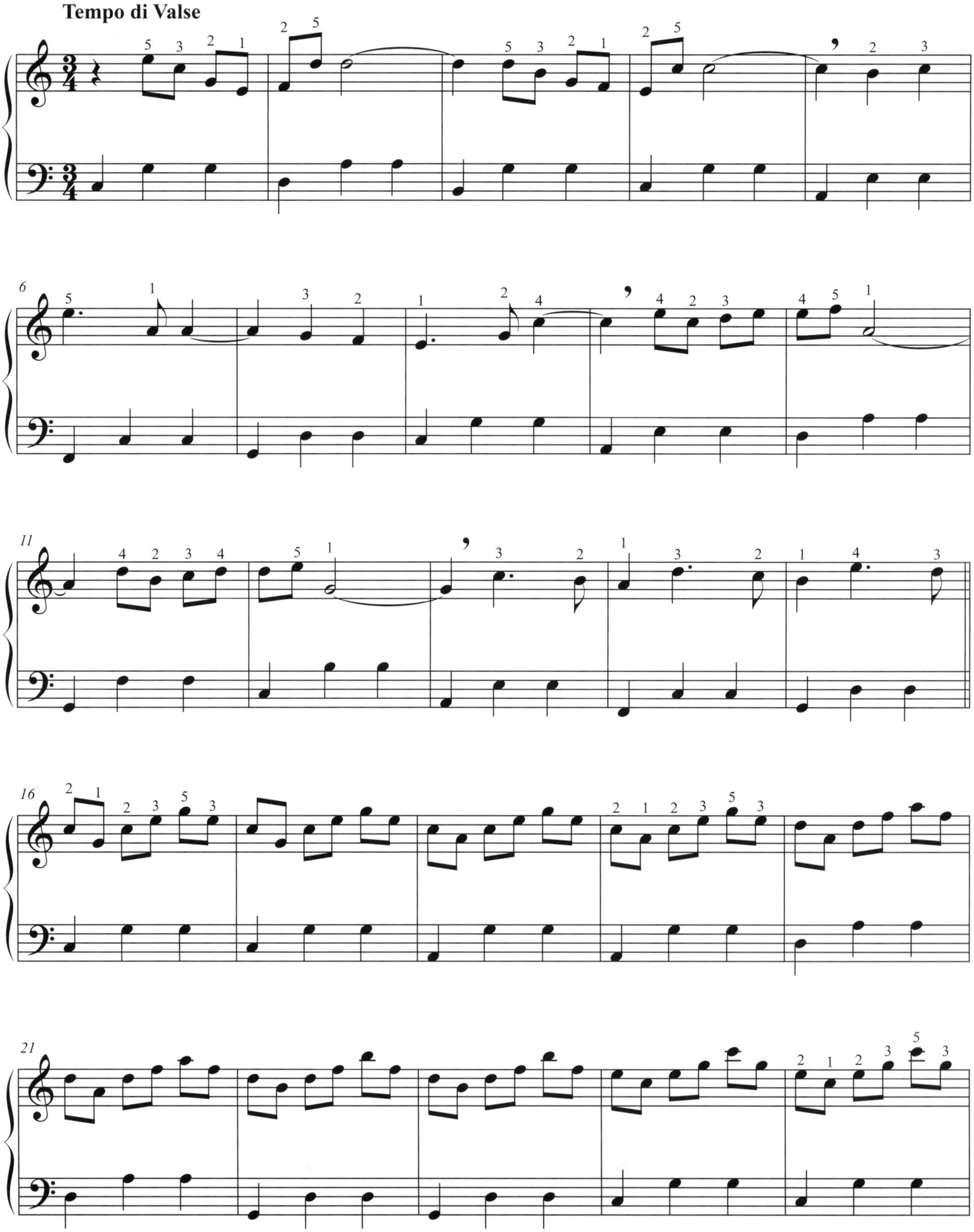

Tempo di Valse

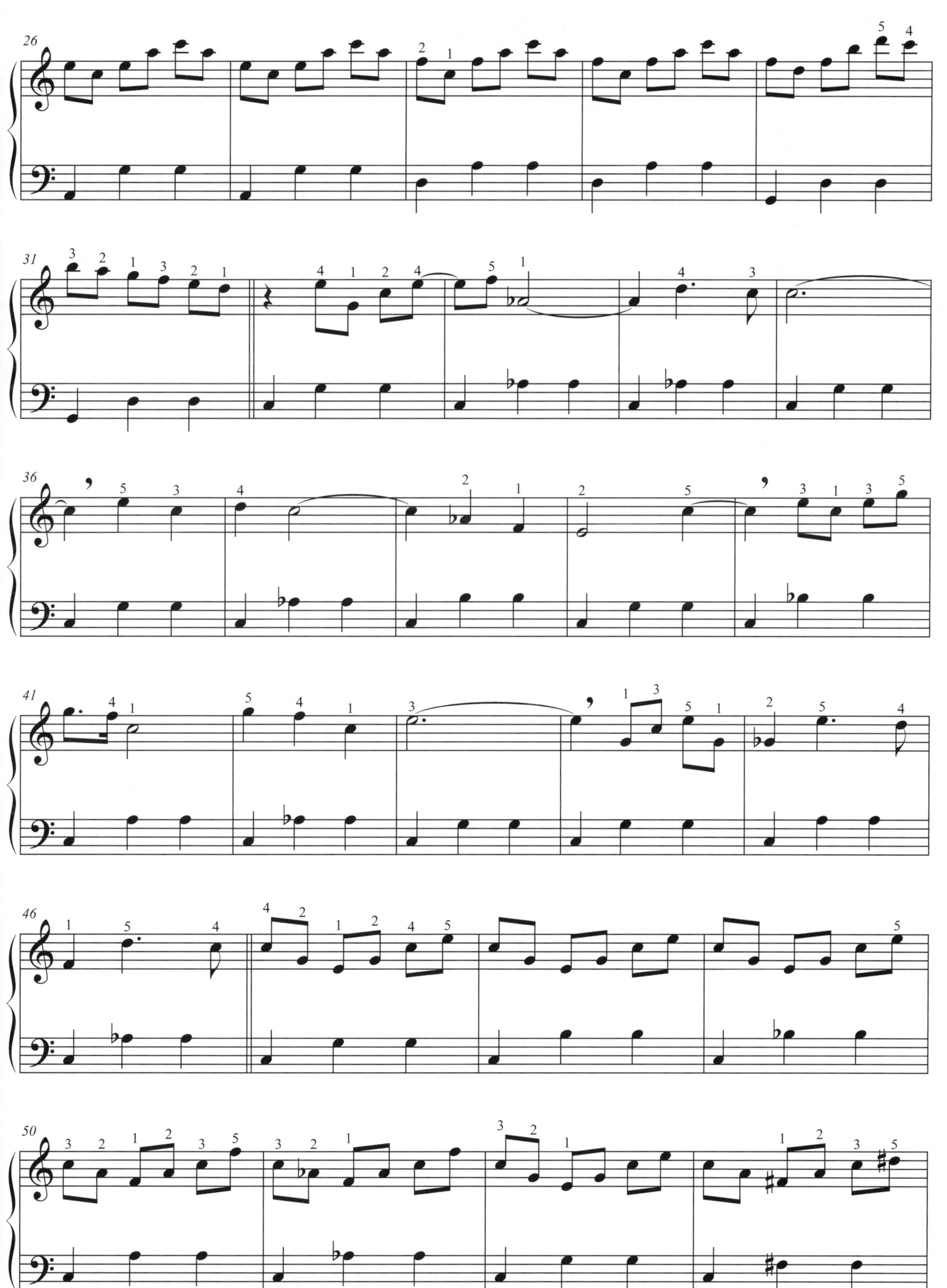

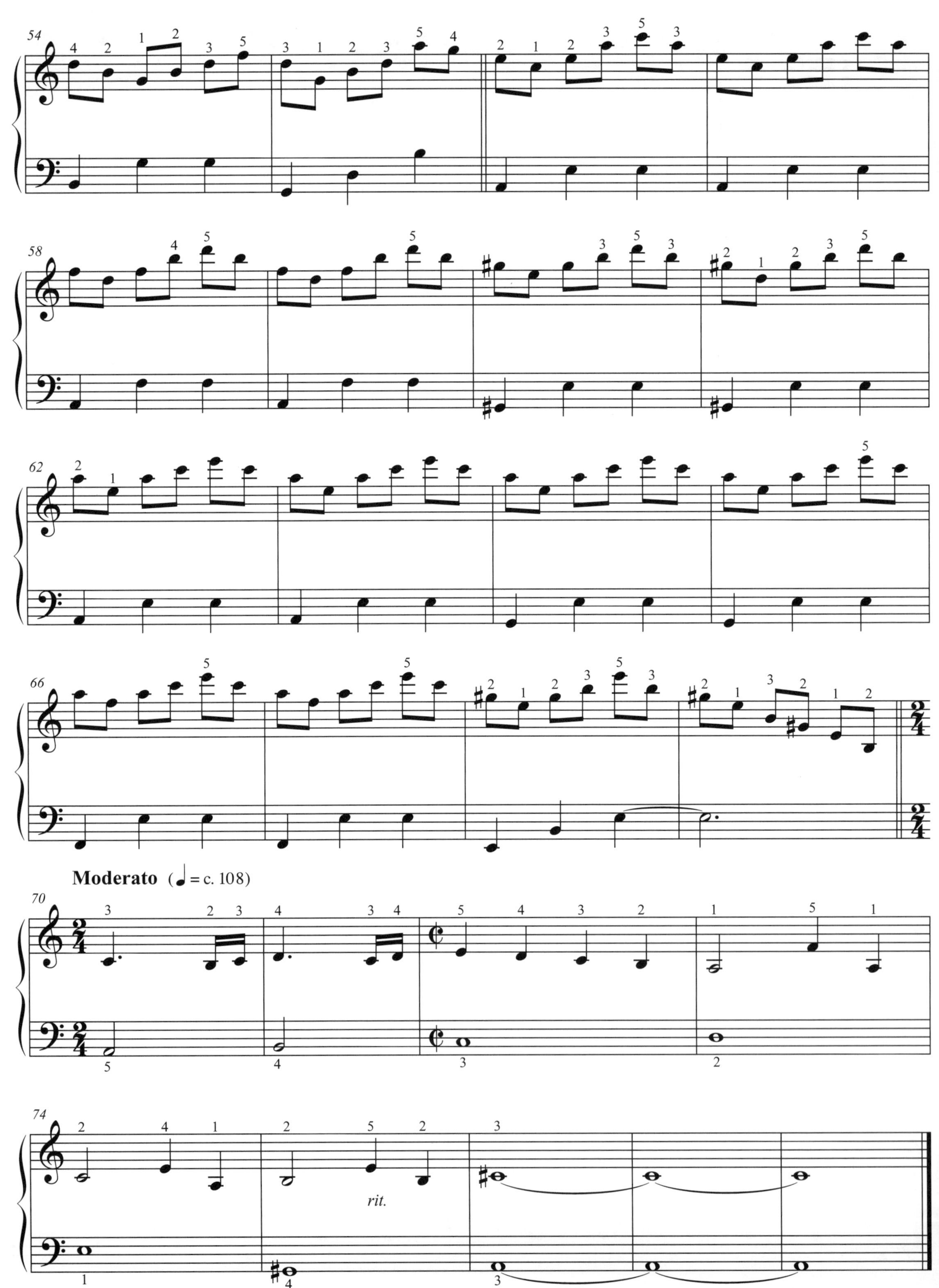
Moderato (♩ = c. 108)
rit.

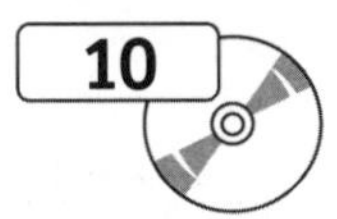

Follow Me

Tatjana Davidoff

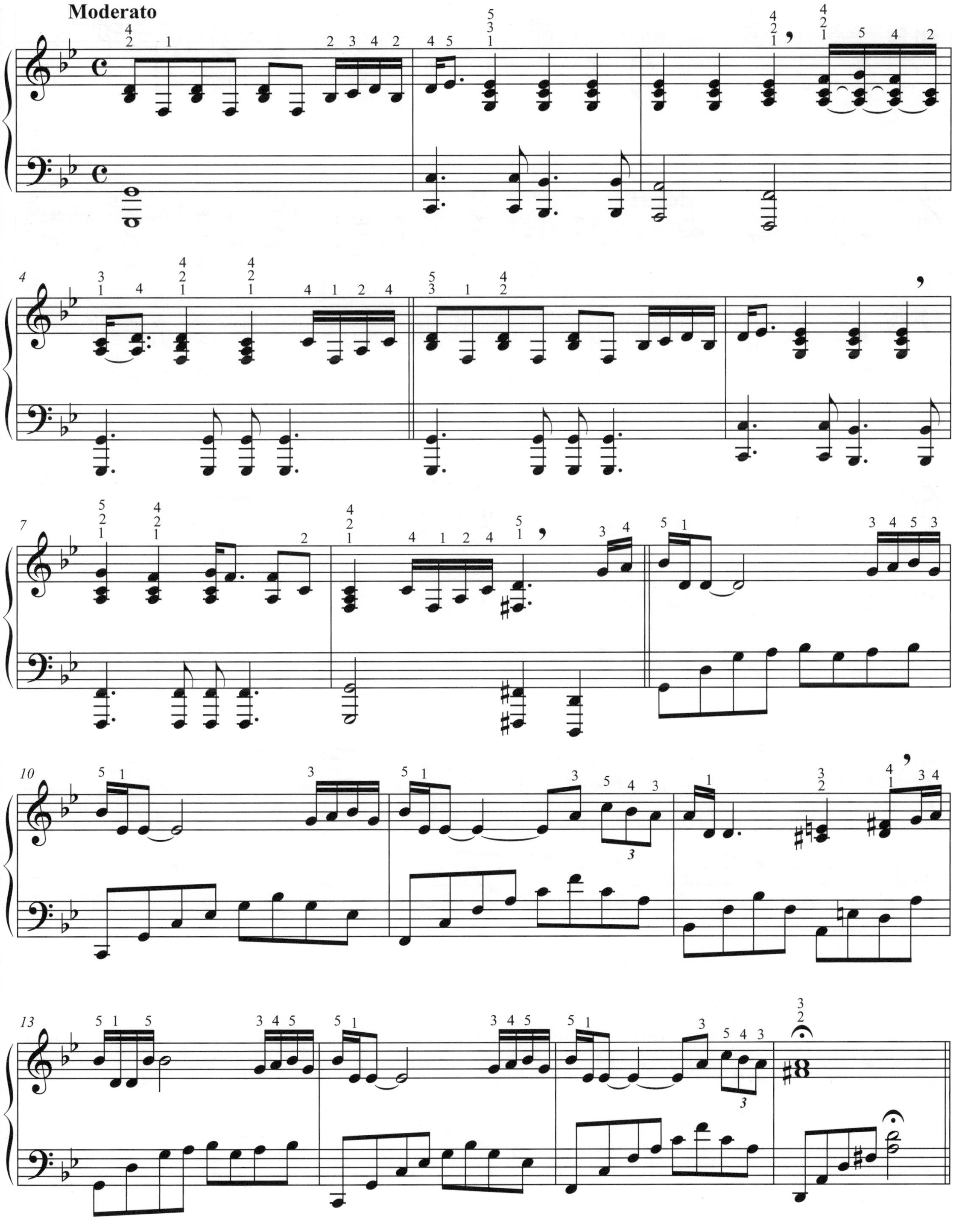

Moderato

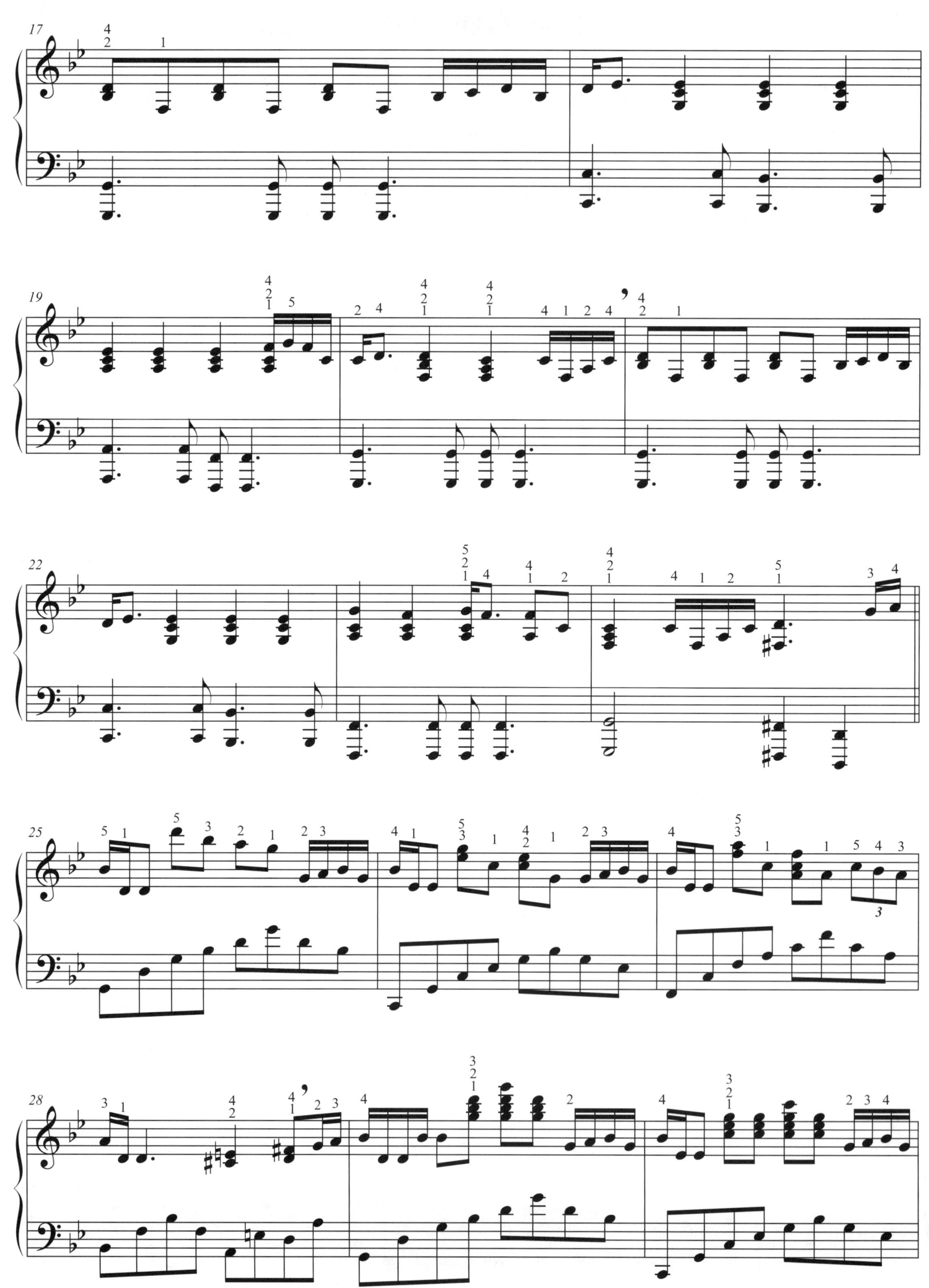

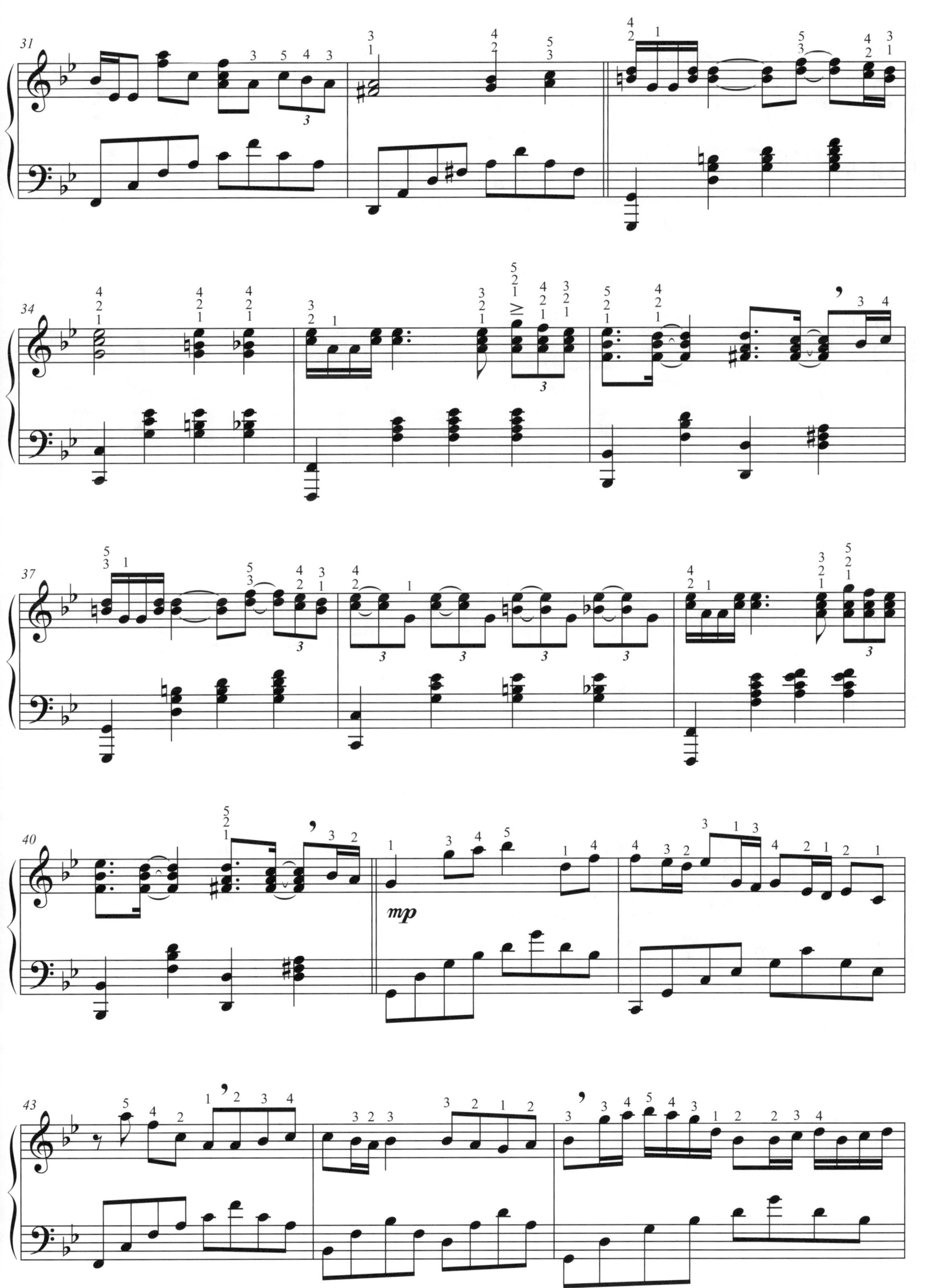
mp

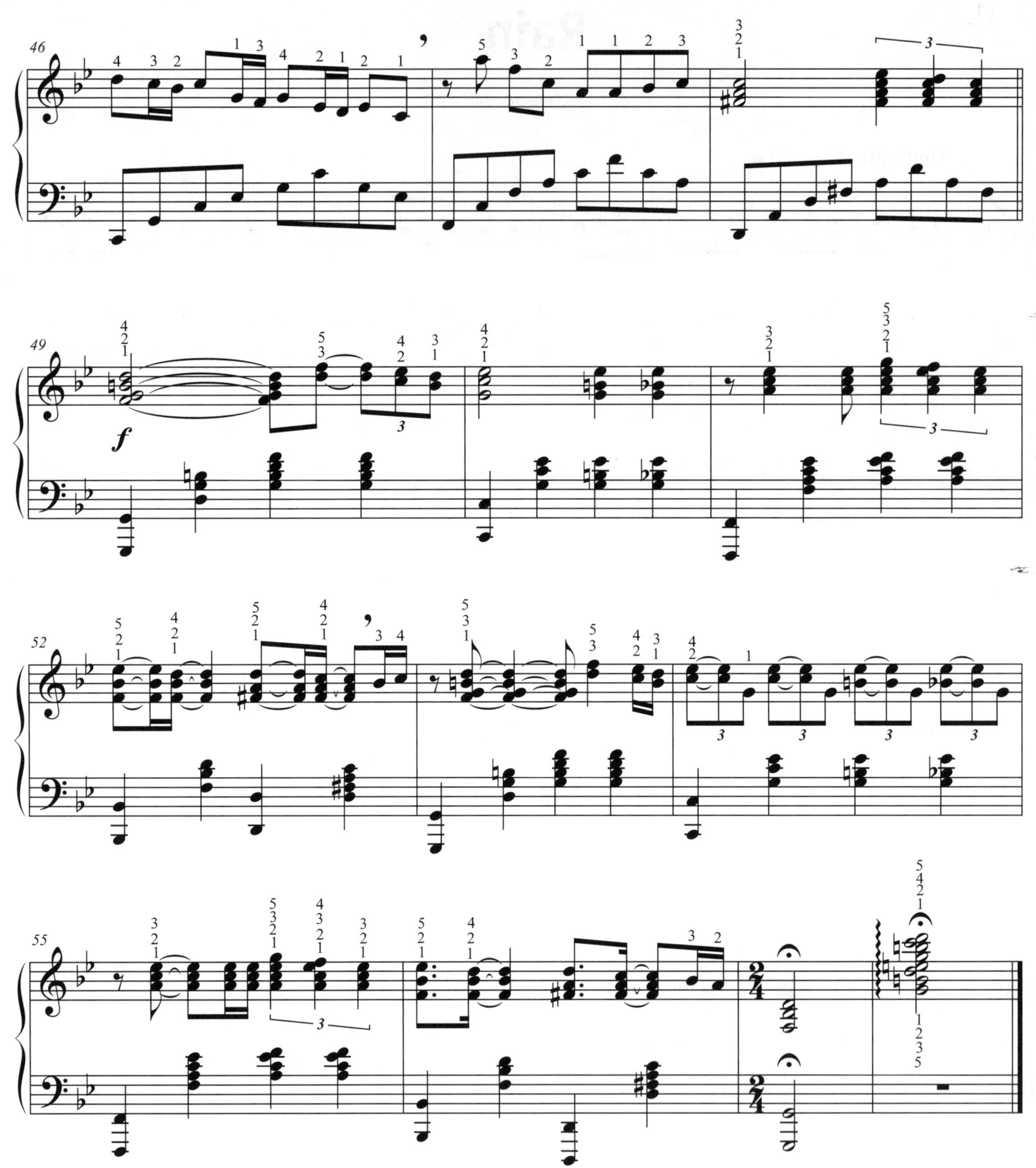

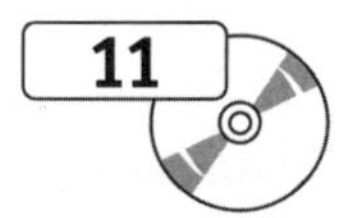

Rain

Tatjana Davidoff

Moderato (♩ = c. 108)

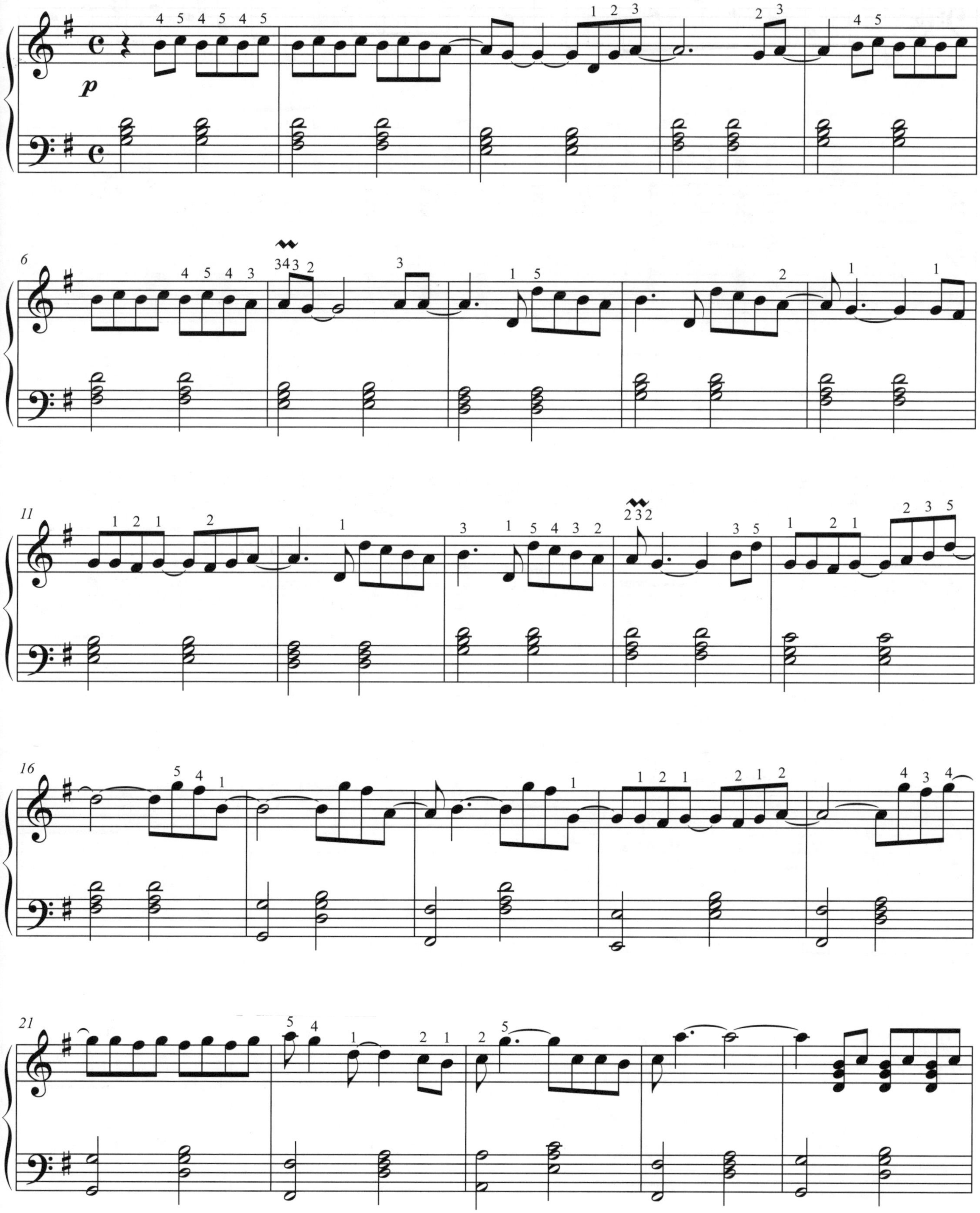

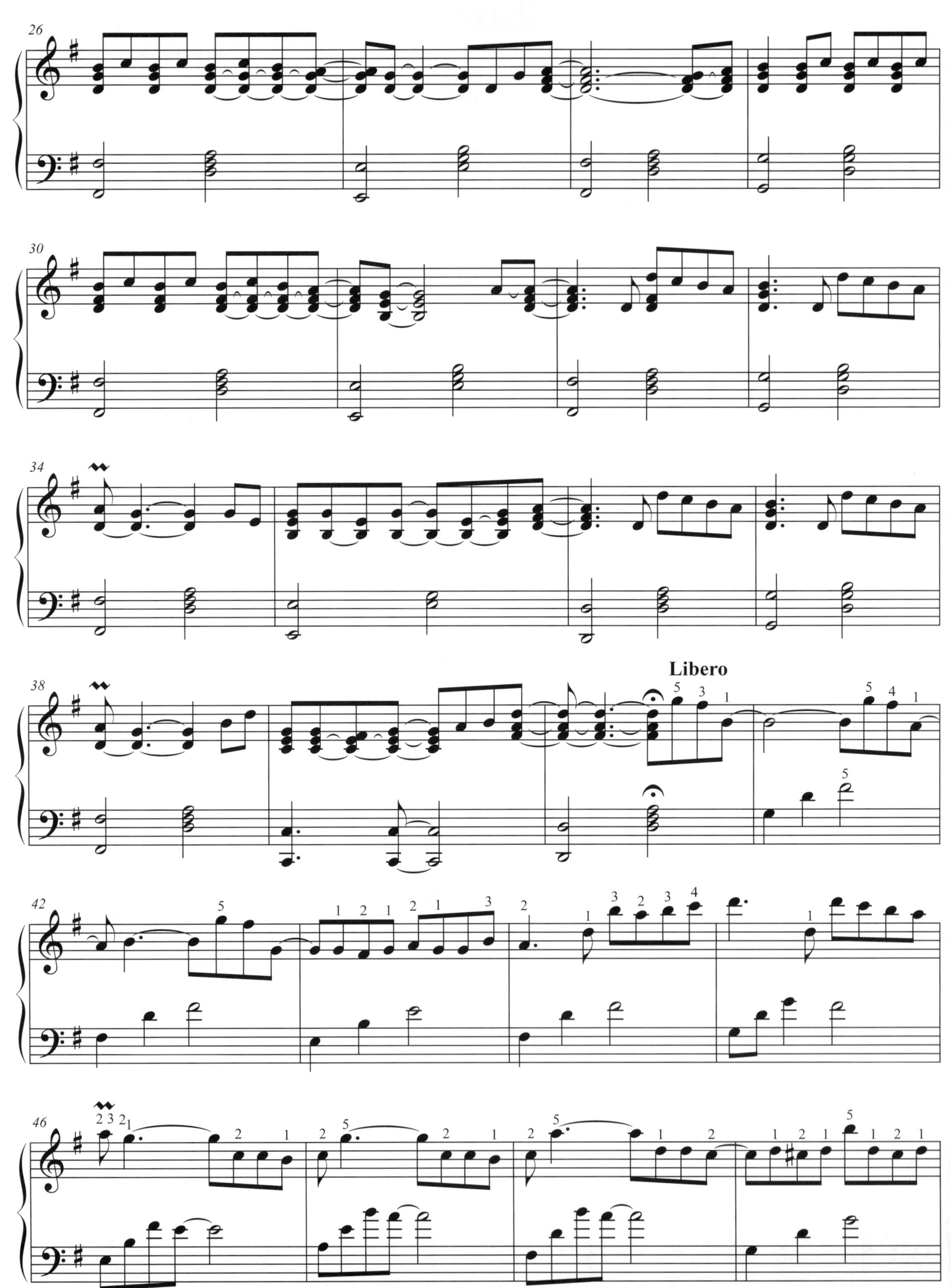
Libero

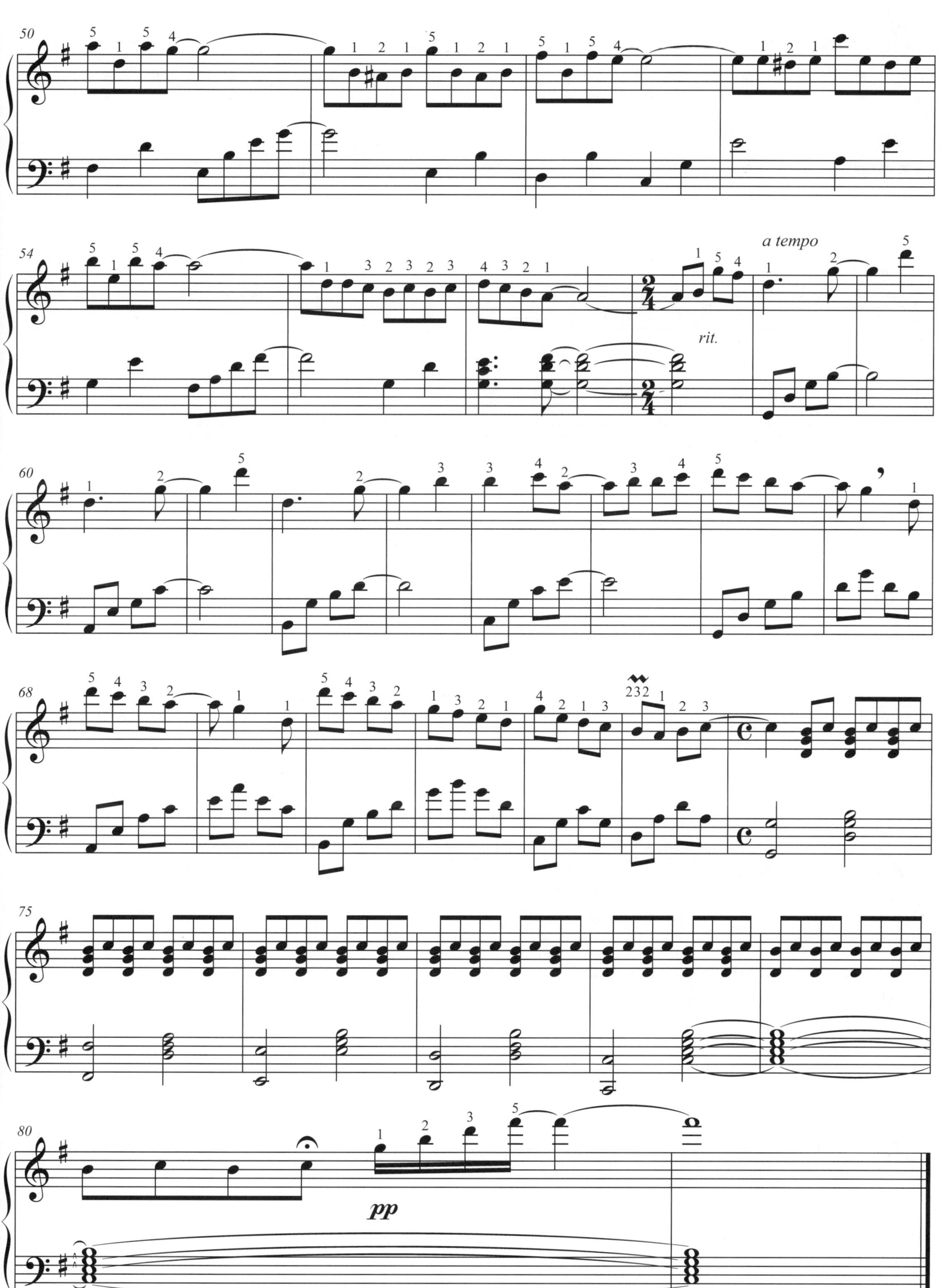
a tempo
rit.
pp

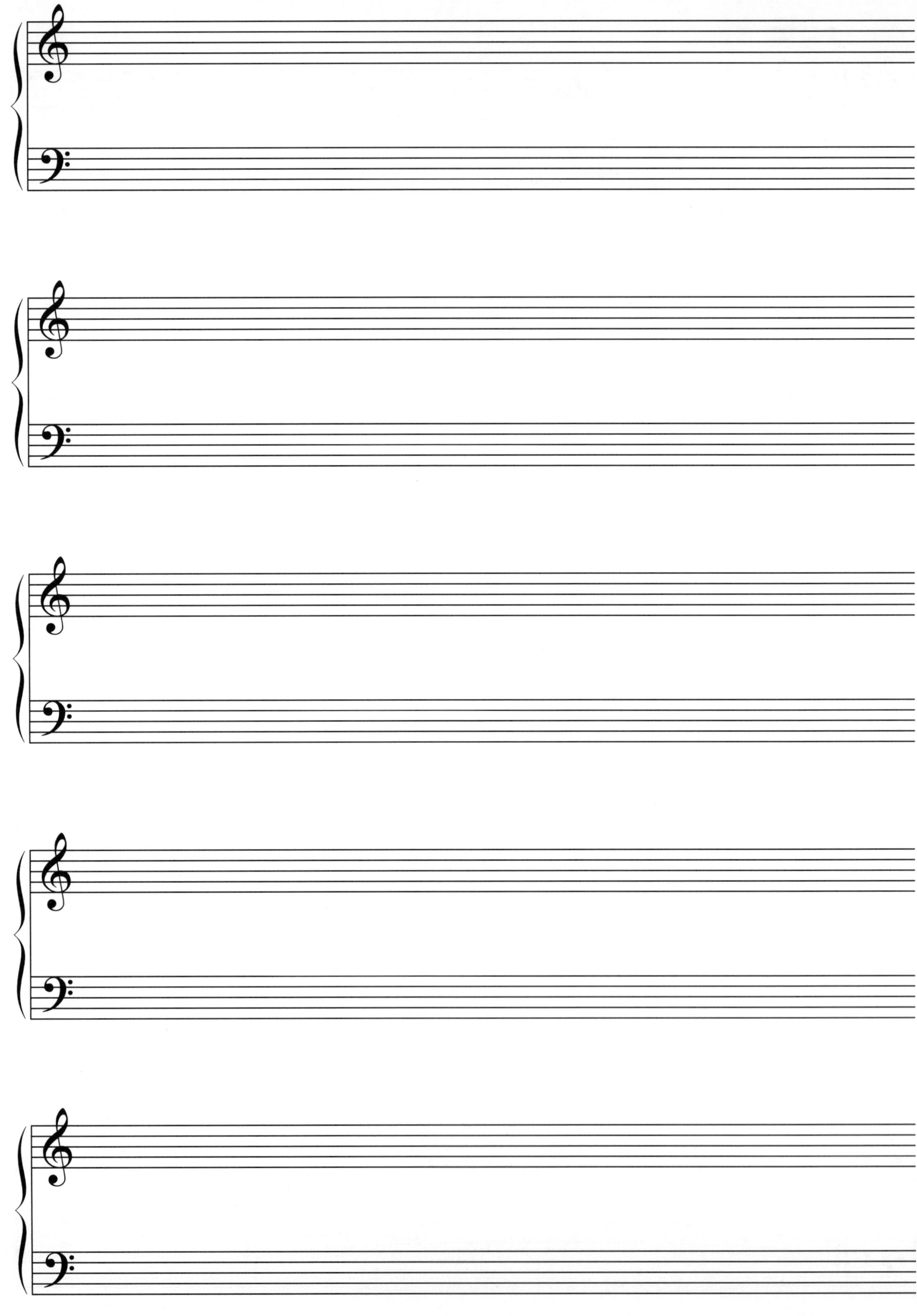